UNNÜTZES WISSEN

MANNHEIM

Für Gitti

Thomas Baumann

UNNÜTZES WISSEN

MANNHEIM

Skurrile Fakten zum Angeben

SILBERBURG

Vorwort

Wenn Sie ein Buch erwerben, dessen Titel mit den Worten »Nützliches Wissen« beginnt, steht es Ihnen an zu vermuten, dass über das betreffende Sujet bereits andere Monografien verfasst wurden. Selten wird man ein »Unnützes Wissen« über die vietnamesische Hafenstadt Ding Elingh im deutschen Buchhandel aufstöbern. Hier gälte es zunächst, Wissen an sich zu vermitteln. Im Falle Mannheim liegt die Sache anders.

Jahr und Tag wurde die Stadt von Buch gewordenen Fanfaren beschallt, welche die zeitweise Anwesenheit hoher und höchster Prominenz bejubelten, von Lobgesängen über die liberale und kultursinnige kurfürstliche Phase. Bei aller gebotenen Bescheidenheit nehme ich für mich in Anspruch, der Selbstüberhöhung des eckigen Städtchens mit meinem Erstwerk »Quadratschädel« Einhalt geboten zu haben. Es folgten aus vielerlei Richtungen weitere Schmähschriften. Und da nun jedes Quadrat dreimal umgedreht und von allen Seiten beguckt wurde wie ein Schwanzlurch, dem der Schwanz fehlt, ist es an der Zeit, gewisse Lücken zu füllen. Daher dieses Buch.

Doch nicht alles ist eitel Sonnenschein. Das unnütze Wissen nicht am Runkelrübenstand auf dem Markt zu verbreiten, sondern gedruckt, weist auf einsetzende Dekadenz und Langeweile an sich selbst hin. Man geht derzeit davon aus, dass alle in Mannheim lebenden Personen an Exitus sterben werden.

Und auch wenn der Buchhändler Ihres Vertrauens Ihnen etwas anderes vorgelogen hat, enthält dieser Band leider nicht die Weltenformel, um den Hunger zu beenden, Frieden mit Ludwigshafen zu schaffen und den Blumepeter heilig zu sprechen, zum St. Blumepeter.

Rechtlicher Hinweis: Im »Unnützen Wissen Mannheim« finden sich Fehl, Fehler und Megafehler. Dies liegt nicht am Lektorat und wenig nur am Autor, sondern viel am Wandel, in dem sich diese Stadt befindet. Könnte sie nicht einfach mal zehn Jahre stillstehen, damit das Buch so lange stimmt? Schön wär's.

Wenn Sie, geschätzter Leser, einen Fehler finden, gehen Sie bitte folgendermaßen vor:

1. Markern Sie den Fehler, benutzen hierbei bitte rot für sachliche Fehler, blau für Orthografie und gelb für historisch Überholtes.

2. Fotografieren Sie den Fehler. Senden Sie das Bilddokument mitsamt Ihrem Verbesserungsvorschlag an blauetonne@silberburg-verlag.de.

3. Erzählen Sie davon all Ihren Nachbarn, Freunden, Kollegen und Wildfremden in der Kassenschlange beim Rossmann.

4. Sollte sich beim zweiten Lesen desselben Buches der Fehler immer noch darin befinden, informieren Sie den Katastrophenschutz.

5. Krauchen Sie unter den Küchentisch. Dann kann nichts passieren.

Wer die Begriffe UFO und Mannheim googelt, landet bei einer Rohrreinigungsfirma.

Im Lehrbuch der Hygiene von 1892 lernen wir, dass in Mannheim winters zwei Drittel des Regens mit dem Neckar wegfließen, im Sommer gleichwohl nur »18 Procent«.

Erst seit 1925 gibt es in Mannheim Linienbusse. In dem Jahr gab Heinrich Lanz die erste Aktie heraus. Und in der Kunsthalle wurde »Die Neue Sachlichkeit« ausgestellt.

2006 fand in der SAP-Arena der WM-Kampf Klitschko/Byrd statt, der am schnellsten ausverkaufte Boxkampf aller Zeiten: In 48 Stunden waren alle 14 000 Karten weg, also fünf Karten pro Minute. Und die ARD stellte noch dazu einen Boxzuschauerrekord auf.

Die »Rheinpfalz« lakonisch 2015 zur Bombendrohung beim GNTM-Finale: »22.36 Uhr: Die Halle, in der zuvor etwa 10 000 Zuschauer das Finale verfolgt hatten, war nach der Evakuierung komplett leer.«

Die erste aufgenommene Verszeile einer B-Seite von Joy Fleming waren die Worte: »Every little thing I do reminds me of your love«.

Einen Kilometer über dem Wasserturm ist die Temperatur 6,5 Grad Celsius niedriger.

Im Technoseum steht das älteste erhaltene Tonbandgerät der Welt, Marke AEG, aus dem Jahre 1936.

Am Eingang des Franklin Field steht die anarchistische Aufforderung: »Seid willkommen. Fühlt euch frei, macht euer Ding ...«

Die »Mannheimer Petition« gilt als wegbereitende Erklärung im Vorfeld der Revolution von 1848. Zwar waren in Baden die liberalen Forderungen schon anerkannt, aber noch nicht reichsweit.

In Mannheim wohnen mehr Montenegriner als Iren.

Von oben ist Mannheim ein Rechteck mit einem Halbkreis, dürfte korrekt also keineswegs Quadratestadt heißen, sondern müsste die Rechteck-mit-Halbkreis-Stadt sein.

Ein Mannheimer Hörgerätehersteller schätzt, dass 57 000 Einwohner schwerhörig sind.

2017 stürmte es im Mannheimer Wasserglas, als der schließende McDonald's am Marktplatz auf Deutsch darauf hinwies, dass es in den Planken eine weitere Filiale gibt, auf Türkisch aber warb, dass die Mittelstraße noch geöffnet hat. Aufgrund dieses Vorgangs schaufelte »Die Welt« Platz frei für einen Artikel von 783 Wörtern Länge.

Im Rhein bei Mannheim kommen 36 Fischarten vor.

Der litauische Präsident Gitanas Nauseda war von 1990 bis 1992 Doktorand an der Universität Mannheim und lernte dort: »... dass der westliche Lebensstil und die Marktwirtschaft der richtige Weg sind.«

Die Johannis-Freimaurerloge heißt »Im Quadrat!«. Und die Loge logiert wirklich im Quadrat, nämlich in L9.

Der Stadtteil Pfingstberg wird von der ICE-Strecke auf 5 Kilometer Länge unterquert.

In der Universitätsbibliothek stehen 6424 Bücher mit dem Wort »Mannheim« im Titel. Zwei davon sind von Peter Kurz. Zwei von mir.

Als Schiller sein neues Drama »Die Verschwörung des Fiesco zu Genua« im Nationaltheater vortrug, wurde er ausgelacht, weil er so schwäbelte.

In Käfertal gibt es ein Ortseingangsschild für Fußgänger.

In der Trendsporthalle werden Poolball, Fußballdart und Schwarzlicht-Badminton gespielt.

Mannheimer Vororte und Stadtteile enden auf hof, hofen, au, stadt, heim, tal, hausen, wald, berg, feld, ried, torf, stätt und stang.

Das erste Büro der SAP lag in Mannheim.

Die zentralsten Pferdeställe der Stadt gehören dem Reiterverein Mannheim, liegen im Gartenschauweg und sind nur vier Kilometer vom Schloss entfernt. Falls mal wieder ein Fürst zu reiten beliebt.

Disharmonie! Der SV Harmonia Waldhof verlor 2019 ein Vorbereitungsspiel mit 0 : 29. Gegner war der SV Waldhof.

Am Neckarstädter Storchenhaus – Heim einer Hebamme – ist sowohl ein Storch aufgemalt als auch ein dreidimensionaler an der Fassade angebracht. Anstatt das Baby im Leintuch im Schnabel zu tragen, hat sich dieser Storch das Leintuch am Schnabel festgetackert.

Der erste Eintrag in den Gelben Seiten unter »Abbeizarbeiten« ist die Firma »Abbeizblitz«. Lassen Sie das mal Ihren italienischen Nachbarn aussprechen.

Das Theaterstück »Die Menschen« von Walter Hasenclever wurde als Oper im Nationaltheater uraufgeführt. Nicht zu verwechseln mit Robert Hasenclever, der die Firma Rhenania auf der Rheinau übernahm und dort in den 1890er-Jahren Salzsäure, Schwefelsäure, Chlorkalk und andere Leckereien herstellte.

Der Rhein fließt 13 Kilometer an Mannheim entlang. Das Gefälle des Rheins beträgt 1,9 Promille.

In der Konkordienkirche hängt die älteste Mannheimer Glocke. Sie stammt aus dem Jahr 1663, schlägt einen »Des«-Ton und wiegt 1900 Kilogramm. Dies entspricht der maximalen Anhängerlast eines Mercedes-E-Klasse-T-Modells.

In Franklin soll es Wohnraum für 9000 Menschen sowie 50 Hektar Grünfläche geben. Das entspricht fast dreihundert Eishockey-Spielfeldern.

Es gibt keinen einzigen Zufluss zu Rhein oder Neckar, der in Mannheim mündet.

Das Portal Mannheim24.de, der Mannheimer Morgen und morgenweb gehören alle derselben Mediengruppe. Eine ganzseitige Anzeige in der Mannheimer Morgen-Zeitungsgruppe kostet etwa 60 000 Euro.

Das Blutzuckermessgerät to go, also für zu Hause, ist in Mannheim erfunden worden.

Die Autowerkstatt Mannheim Automotive & Brakes liegt an der 2700 Mannheim Rd in Illinois – ein Familienbetrieb seit 1986.

Die internationalste Buslinie ist die 67 mit den Halten Franklinschule, Washingtonstraße, BFV Mitte, Lincolnallee und Jacksonstraße.

Das Wasserturm-Puzzle von Ravensburger hat 1000 Teile.

Man müsste Xavier Naidoo 34 Mal übereinanderstellen, um die Höhe des Wasserturms zu erreichen.

Käfertal ist nicht nach Käfern benannt, sondern nach Kiefern – »Cheverndal«. Dennoch schmückt den Brunnen vor dem Rathaus ein Käfer.

Der Chef des Mannheimer TÜV heißt Universitätsprofessor Doktoringenieur Ehrenprofessor Ehrendoktor Hans-Jörg Bullinger, kurz gesagt: Univ.-Prof. Dr.-Ing. habil. Prof. e. h. Dr. h. c. Hans-Jörg Bullinger.

Elf Grabmäler auf dem Hauptfriedhof haben Grabmalpaten.

Studenten der Dualen Hochschule arbeiten zur Zeit an einem elektrischen Rennwagen.

Der erste Song auf der ersten CD von Kobra alias Xavier Naidoo aus dem Jahr 1993 ist »Ave Maria«.

Die Erlöse des Mannheimer Leihamts kommen gemeinnützigen Zwecken zugute. Das Leihamt hat selbst eine Tafel gestiftet, um zu erklären, was das Leihamt ist.

Die Städte Mannheim und Ludwigshafen werden jährlich 350 Millionen Mal im Telefonbuch gesucht.

Wenn man nur Teerfarben erfindet und dafür ein Riesengrabmal und eine Gedenktafel in C8 bekommt, kann man froh sein. So geschehen beim früheren Mit-BASF-Chef Heinrich Caro. Immerhin: er hat den Verein Deutscher Ingenieure mitbegründet.

Der Übersetzer des Schriftstellers und späteren Präsidenten der Tschechischen Republik Václav Havel, Joachim Bruss, unterrichtete an der Universität Mannheim Tschechisch.

Die Uferlänge der Mannheimer Häfen beträgt 54 Kilometer. Das entspricht der Strecke nach Kaiserslautern – aber was will man da?

Coca-Cola Mannheim hat die Abfüllung von Plastik- auf Glasflaschen umgestellt. Und das macht stolze 50 000 Flaschen pro Stunde.

Wer Mannheimern gegenüber das Wort »Universität« erwähnt, hört als erste Assoziation in 80 % der Fälle eine Aussage zum Thema »Wirtschaft«.

Loriots Erzählfassung von Richard Wagners »Ring des Nibelungen« wurde im Nationaltheater unter dem Titel »Der Ring an einem Abend« 1992 uraufgeführt.

In der City darf eine Werbefigur vor einem Ladengeschäft höchstens 1,40 Meter hoch sein, Pflanzkübel maximal 1,20 Meter und Glaswände 1,50 Meter.

Als Harald Ertl ein Teenager war, zog seine Familie von Österreich nach Mannheim. Tatsächlich gewann er alles Mögliche von Formel 2, Formel 3 bis Formel V, aber nie ein Formel-1-Rennen. Drei Jahre lang gab es die »Harald Ertl Racing Show Mannheim« auf dem Maimarkt. 1982 startete der ehemalige Formel-1-Fahrer mit einer Privatmaschine in Mannheim, stürzte auf dem Flug nach Sylt ab und starb.

Der Agitationskünstler und Erfinder der politischen Fotomontage, John Heartfield, hat seine Ausbildung zum Werbegrafiker teilweise in Mannheim gemacht.

»Ingenieure ohne Grenzen« arbeiten in Mannheim praktisch in der Entwicklungshilfe. Flüchtlinge bekommen einen Kurs namens ToGEThER verpasst. Die Abkürzung steht für »Together Gaining Expertise Through Exploration of Renewables«. Wer das versteht, darf sich voll integriert fühlen.

Der einzige Ort der Welt, an dem es einen »Stadtteilfestverein« gibt, ist die Schwetzingerstadt.

Der Franzose Jean Tirole erhielt 2014 den Wirtschaftsnobelpreis. Warum das hier steht? Er bekam drei Jahre zuvor die Ehrendoktorwürde der Uni Mannheim. Gleiches erlebte der Amerikaner Edmund Phelps 2006.

Was ist eigentlich Zeitstrom? Schon in der Planungsphase von Franklin war es für Mannheimer Bürger wichtig, dass man in Zukunft die Vergangenheit der Kasernen sehen kann. Damit das Leben in Vergangenheit auch in der Zukunft eine Chance hat.

Nur Mannheim organisierte das »Bundesdeutsche Offene Curling Hochschulturnier für Studenten und Hochschulangehörige«. Der erste Curlingclub vor Ort wurde 1983 gegründet. Mit 40 Aktiven ist er »einer der aktivsten Clubs in Baden-Württemberg«. Im Pokalschrank stehen Auszeichnungen für: Deutscher Seniorenmeister, Damenmeisterin, Deutsche Mixed-Meister, Mixed-EM-Meisterin und Deutscher Herrenmeister. Der Löwe im Wappen des Curlingclubs hat nur drei Gliedmaßen.

Wikipedia erklärt: »Mannheimer Walze ist ein musikalischer Effekt, der im 18. Jahrhundert von der Mannheimer Schule entwickelt und benutzt wurde. Er besteht aus einer ausgedehnten Crescendo-Passage mit einer diatonisch oder in Dreiklangstufen aufwärtssteigenden Sequenzierung über eine ostinate Basslinie.«

Das Hotel »Syte« am Willy-Brandt-Platz wird von den meisten Gästen »Süte« ausgesprochen und ist im kleinsten Hotelbuch der Welt gelistet. Kein Wunder: Dieses Buch wird von der Hotelkette herausgegeben.

Das Großkraftwerk liefert 310 Megawatt, also rund ein Sechstel seines Stroms an die Deutsche Bahn, deren Lokomotiven dadurch indirekt mit Steinkohle angetrieben werden.

Der öffentliche Personennahverkehr wird mit dem Slogan »MA² CHT MIT!« beworben. Die Aussprache »Ma Quadrat cht mit« ist falsch.

90 Prozent der Ware, die zum Leihamt gebracht wird, wird wieder abgeholt. Und der Leiter selbst wirbt: »Man braucht nicht viel Papierkram auszufüllen.«

Den Koran gibt es noch nicht uff Monnemerisch.

Bis 1922 gab es auf der Rheinau den Bahn-Haltepunkt »Mannheim-Rheinau Luftschiffwerft«. Der Begriff »An den Werften« wurde zu »Antwerpen« verballhornt, daher der Ausspruch: »Ketsch, Brühl, Antwerpen«.

1807 wurde in Mannheim die Meldepflicht eingeführt.

Die sehr erfolgreiche amerikanische Band »Mannheim Steamroller« hat sich – ironisch – nach der Mannheimer Walze benannt. Ihre Spezialität sind Weihnachtslieder. Sie haben 40 Millionen Alben verkauft, mehr als Bruce Springsteen oder ein beliebiger Mannheimer Musiker.

In den Gelben Seiten Mannheim steht unter dem Begriff Zucker nur ein Eintrag: die Südzucker AG. Wenn Sie also morgen eine Zuckerrübe raspeln, sind Sie schon Mannheims zweitgrößter Zuckerproduzent.

Die Südzucker AG ist der größte Zuckerproduzent der Welt mit 19 000 Mitarbeitern und macht sechs Milliarden Euro Umsatz.

Unter den .de-Domains sind derzeit 9586 verzeichnet, die den Bestandteil »Mannheim« enthalten. Auf 1000 Mannheimer kommen 209 Internetdomains, also haben zusammen jeweils fünf Mannheimer eine Domain. Soviel Verträglichkeit traut man ihnen gar nicht zu.

Der natürliche Zucker Isomaltulose wird bei Südzucker unter dem geschützten Namen Palatinose geführt, da er in den 1960er Jahren in einem Labor in der Pfalz entdeckt wurde. Im Gegensatz zu Rohrzucker führt der Konsum nicht zu Karies.

Der Mannheimer Walther Fucke-Michels war einen Tag lang Hitlers Schwippschwager. Er heiratete Eva Brauns Schwester Ilse.

Die berüchtigte Brücke von Remagen wurde vom Wahl-Mannheimer Architekten Karl Wiener entworfen.

2019 lag dem »Spiegel« ein 56 Seiten dickes Werbemagazin für Baden-Württemberg bei. Mannheim wird in dem gesamten Heft in zwei Sätzen erwähnt.

Die Firma Kalaika verkauft seit 2016 einen Gegenstand unserer Großmütter wieder, nämlich die Netztaschen. Der Handel findet vornehmlich im Netz statt.

Die Crispycup ist eine Kaffeetasse aus Mannheim, die man essen kann. Zur Auswahl stehen die Aromen Vanille, Zimt und Schokolade.

Von 2013 bis 2014 war das Panoptikum in N1 das größte deutsche Wachsfigurenkabinett.

Von der »Mannheim Station« fährt der Metra MDW-Zug für vier bis sechs Dollar in einer knappen Stunde bis Chicago.

Der »MannheimSong2« handelt in arabischer Sprache von Flucht und schlechtem Wetter. Er wurde 590 Mal bei Youtube aufgerufen.

Ein aus der JVA entlassener Häftling kommt zu Fuß in 22 Minuten zu den Design-Headquarters von Dorothee Schumacher zum Shoppen o. Ä.

Im Rollenspiel Shadowrun gehört Mannheim im Jahr 2071 zu Groß-Frankfurt.

Das Stadtmarketing nennt »Little Istanbul« ein »international geprägtes Viertel«, was hieße, dass es dort verschiedene Kulturen gibt. Diskutieren Sie mit dem Nebenmann darüber.

Wenn man den Victoria-Turm hinter dem Hauptbahnhof in Wohnraum umnutzen würde, entstünden 256 Wohnungen à 80 Quadratmeter. Verkehrsgünstig gelegen, mit exzellenten Einkaufsmöglichkeiten und überwiegend mit großartigem Fernblick.

Im Mercedes-Benz-Werk wurde von 1944–1949 der Opel Blitz hergestellt.

Der Bauherr des Victoria-Turms hieß iii-Fond. Der Architekt war Albert Friedrich Speer, Sohn von Albert Speer, Top-Architekt unter Hitler, im Jahr 1900 Erbauer des Mannheimer Warenhauses Kander in T1 und Sohn eines Architekten, der Sohn eines Architekten war.

Das wissenschaftliche Jahrbuch »Mannheimer Forum« erschien von 1972 bis 1999 und wurde von Hoimar von Ditfurth begründet. In den 1960er-Jahren hatte Ditfurth für Boehringer Psychopharmaka entwickelt.

Der Rat für deutsche Rechtschreibung in R5 hat die Einführung des großen ẞ bekanntgegeben, nach Zustimmung aus Belgien, Südtirol, Liechtenstein, Österreich, der Schweiz – aber ohne Luxemburg.

Die Telefonvorwahl 0621 ist die einzige, die über eine Bundeslandgrenze hinweg gültig ist.

Mannheim24 listet alle Störungstelefone vor Ort auf. Zum Beispiel 08 00 3 30 20 00, den Telekom-Störungsservice. Wie man mit gestörtem Telefon mit dem Störungsservice telefoniert, bleibt aber erstmal geheim.

Die TSG Seckenheim ist mit rund 2700 Mitgliedern der zweitgrößte Mehrsparten-Verein in Mannheim.

Ufowatch.de meldet pro Jahr rund zehn UFO-Sichtungen über Mannheim.

An einer Wand des Universitätsgebäudes in A5 steht als Graffito das Adorno-Zitat: »Dass ich es also nach wie vor riskiere, ungedeckte Gedanken zu denken, die sonst von diesem übermächtigen Kontrollmechanismus, der da Universität heißt, den meisten Menschen schon sehr früh … abgewöhnt werden.«

Die Notrufnummer der amerikanischen Militärpolizei war 730-114.

Der Seckenheimer Karnevalsverein »Die Zabbe« ist älter als die BRD. Das Mutterschiff, der Sängerbund »Die Zabbe«, ist älter als das Auto.

13 Jahre lang, von 1992 bis 2005, fuhr »Am Aubuckel« ein Spurbus.

Als das Kurpfalz-Radio 1979 auf Sendung ging, erklang als erstes Stück »Der Jäger aus Kurpfalz«. Das Lied war in den 1950er-Jahren auch im »Liederbuch für Soldaten« zu finden. In der Loriotvariante des Jägers reitet dieser auf einer Flinte, in deren Lauf eine übergroße Margerite steckt.

In der ganzen Stadt dürfen Gänse gefüttert werden, außer am Strandbad.

Im Mannheimer Hauptbahnhof steht ein Rettungszug mit fünf Waggons für einen eventuellen Tunnelunfall bereit. Solche Züge hießen früher TuHi (Tunnelhilfszug).

Die Flutlichtmasten des Münchner Flughafens wurden in Mannheim bei ABB getestet.

Der Adler der Mannheimer Adler ist blau-weiß gestreift, ein äußerst seltenes Phänomen in der Natur, zu finden etwa bei der Blauen Ozeanschnecke oder dem Vieraugen-Falterfisch.

Das Naturschutzgebiet Maulbeerinsel ist 1930 durch Flussbegradigung entstanden.

Im 17. Jahrhundert diente das heutige Ludwigshafen als vorgelagerte Festung über dem Rhein. Das Gebäude hieß Rheinschanze. Das Denkmal steht im Süden von Lu.

Radrennfahrer Rudi Altig trug 18-mal das Gelbe Trikot der Tour de France.

Der ehemalige Schlachthof heißt seit 1983 Fleischversorgungszentrale, liegt aber weiterhin an der Schlachthofstraße.

In einer Woche werden 5000 Schweine geschlachtet, sonntags, mittwochs und freitags.

Im Alten Reich hatten Mannheimer Hoflieferanten die meisten Kontakte nach Köln, gefolgt von Wien und Karlsruhe.

In Mannheim leben jeweils 11 Beniner, Sambier, Ruander, Haitianer, Nicaraguaner und Jamaikaner. Und der Maimarkt dauert 11 Tage. Monnem ahoi!

Das Lindenhöfer Restaurant »Zwei Hasen« hieß früher »Drei Hasen«.

»Heimat« heißt das südlichste Mannheimer Restaurantschiff.

Der maximale Gewerbemietpreis für den Einzelhandel beträgt in Bestlage 143 Euro. Kalt.

Der Glücksatlas der Deutschen Post differenziert nach Regionen, nicht nach Städten, hier gehört Mannheim zu Baden: Die Zufriedenheit mit Einkommen und Gesundheit ist sehr hoch, besonders viele leben in Ehen oder festen Beziehungen. Und die Kaltmiete ist mit die niedrigste im Bundesvergleich. Grüße an den Stammtisch.

Das Nationaltheater ist das älteste noch existierende Nationaltheater in Deutschland. Gegründet wurde es 1777, um den Unterschied zwischen höfischem und Volkstheater aufzuheben.

NTM bezeichnet entweder ein Nichttarifäres Handelshemmnis, Nichttuberkulöse Mykobakterien oder eine Nichtdeterministische Turingmaschine. Vielleicht sogar Nationaltheater Mannheim.

Es gibt kein Straßenschild, auf dem Heidelberger Straße steht. Sie befindet sich östlich von O5/P5 und geht bis zum Ring.

Die Klapsmühl' am Rathaus wird von sechs öffentlichen, beziehungsweise staatlichen, Institutionen unterstützt. Sie ist das älteste freie Theater in Mannheim.

Das Theaterhaus in G7 benannte zum Jubiläumsjahr seine Eintrittskarten um in: Theaterfürwirklichalle-Karte, IchwillöfterinsTheaterfürmeinGeld-Karte, EineEintrittskarteistebeneineEintrittskarte und Superjubiläumsunterstützerkarte.

Zum russischen Dörfchen Perwomaiskoje (»Erster-Mai-Dorf«) gehört die Gemeinde Marinowka, die früher Mannheim hieß. Von Mannheim an Rhein und Neckar aus fährt man 3282 Kilometer dorthin.

Im 150 Kilometer entfernten Völklingen residiert der für Mannheim zuständige Sachverständige des Bestattungsgewerbes.

Die Mannheimer Temperatur im langjährigen Jahresmittel beträgt 10,9 Grad Celsius. Am 7. August 2015 wurde die Rekordtemperatur von 39,8 Grad gemessen.

In Straßenheim existiert nur eine Straße. Sie geht mitten durch den Ort und heißt Ortsstraße.

Der ehemalige Puma-Vorstand Jochen Zeitz verfasste mit dem Mönch Anselm Grün das Buch »Gott, Geld und Gewissen«, in dem eine ökologischere, verantwortlichere Wirtschaft gefordert wird. Vielleicht weil Zeitz sein Wirtschaftsstudium nicht in Mannheim, sondern im hessischen Oestrich-Winkel absolviert hat.

Der Sandtorfer Guckertshof verarbeitet sogenannten Champost = Champignonkompost.

Der Facebook-Seite »Wallstadt« gefällt die Facebook-Seite »Bürgerinitiative Kultur- und Sportzentrum MA-Wallstadt«.

An der Stelle der ehemaligen Bundeswehrkaserne Ludwig Frank steht heute das Wohnviertel »Centro Verde«.

Im Lehrgarten Sandhofen bietet der Pflanzendoktor Sprechstunden an.

Im Hundeverein Mannheim-Feudenheim litt 2015 ein Obedience-Turnier (Gehorsamkeit) darunter, dass auf dem Platz nebenan die Deutsche Hockey-Damenmeisterschaft ausgetragen wurde, leider mit dem Getröte von zahlreichen Vuvuzelas.

Der Haltestellen-Namensgeber Richard Tattersall wurde auch »Old Tatt« genannt.

An der Zeppelin-Universität Friedrichshafen gibt es den Karl-Mannheim-Lehrstuhl für Kulturwissenschaften. Eine Forschungsarbeit heißt zum Beispiel »Multidisziplinäre Durchsichten durch Phänomene und Theorien des Undurchsichtigen«. Nebulös …

Die Planken bestehen nicht aus Planken.

In Mannheim werden Politessen und Politeure gesucht. Im Humor-Amtssprech heißen sie heute »Faktenschaffer«.

Auf Russisch heißt Mannheim Мангейм und wird »Manngejm« gesprochen.

Das Konzert von Led Zeppelin im Eisstadion am 2. Juli 1980 gibt es als Bootleg unter dem Namen »Dinosaur Watching 2 Part 1&2«. Die Rezensentin des MM schrieb nach dem zweiten Abend, sie sei sprachlos und halb taub.

Der Film »Blondinen küsst man nicht« mit Melanie Griffith und John Goodman war ein Remake der Komödie »Die ist nicht von gestern« nach einem Drehbuch von Albert Mannheimer. Für das Original wurde Mannheimer für einen Oscar nominiert. Bei Rotten Tomatoes ist der Film zu 95 % positiv bewertet.

Über das Stadtgebiet verteilt gibt es drei Reparaturcafés.

Bei Mercedes-Benz in Mannheim arbeiten nur noch 3400 Mitarbeiter. Tendenz fallend.

Fritz Stier organisierte das größte Event in der Borelly-Grotte: »Abenteuer unter Tage« 1987. Stier selbst gehört zu den ersten Videokünstlern überhaupt und hat die Galerie »Art Now« in der Neckarstadt gegründet.

Die Postleitzahlen in der City sind 68159 und 68161, erstere für die Quadrate von A bis K, letztere für L bis U.

Unter der Webadresse Mannheim.at logiert eine Marketingagentur, die einen sehenswerten Zeitrafferfilm von Mannheimatnight gedreht hat.

Die Website WikiMANNia ist eingestellt.

Die Straßenbahn »Typ Mannheim« wurde in den 1970er- und 1980er-Jahren gebaut. Sie hat an der Decke aufgehängte Sitze und große Fenster, damit auch stehende Fahrgäste hinaussehen können. Sie wird noch in Görlitz, Helsinki und Zagreb benutzt.

Seitdem die Fußgängerzone namens Planken zum wiederholten Mal einen neuen Belag bekam, gelten harte Verschmutzungsregeln. Zigarettenkippen, Verpackungen und Essensreste wegzuwerfen kostet 75 Euro Strafe. Klebriges wie Kaugummis und Hundekot werden mit 100 Euro belangt. Noch keine deutsche Stadt hat mit solch drastischen Strafen versucht, sauber zu werden.

Im Jahre 1703 wurde erstmals eine Plankenreparatur der verfaulten Bretter belegt.

Die MTR Tankwagenreinigung reinigt Fahrzeuge für den Lebensmitteltransport, dabei hat sie Informationen über 45 000 verschiedene Produkte unter 70 000 Handelsnamen.

Es gibt zwei Wasserturmpokale: den der Badmintonspieler und den der Friseure.

Wer in Mannheim einen Brunnen bauen (lassen) möchte, muss gegebenenfalls den Sachverständigen aus Ludwigshafen kommen lassen. In Mannheim gibt es keinen.

An Freitagen finden die meisten Wochenmärkte statt: 10.

Eine Scheibe Mannemer Dreck wiegt etwa 60 Gramm, ist original vom Café Herrdegen, und weniger original von der Bäckerei Zorn. Den Mannemer Dreck samt Anekdote hat mutmaßlich Herr Herrdegen Mitte des 19. Jahrhunderts erfunden. Übrigens produziert der Normalmannheimer jedes Jahr 202 Kilo Restmüll.

Das Tankschiff »Waldhof« kenterte 2011 in der Nähe der Loreley mit Schwefelsäure an Bord. Das überladene Schiff verursachte somit die größte Havarie aller Zeiten auf dem Rhein.

Vor über tausend Jahren hieß Wallstadt »Walahastath«, war aber keine arabische Siedlung.

Die Messstation Neckar der Landesanstalt für Umwelt Baden-Württemberg liegt vor dem MVV-Hochhaus an der Abfahrt Richtung Hafen.

Das Spitzenrestaurant Corange ist nach dem Familiennamen Engelhorn benannt, als französisches Kunstwort. Die Corange Holding saß jahrelang im Steuerparadies Bermudas.

Leserbriefe an die BILD Rhein-Neckar müssen nach Berlin geschickt werden.

Die Breite Straße ist an ihrer breitesten Stelle 30 Meter breit. Der Broadway in New York ist 52 Kilometer lang, die Breed Schdrooß hat solche Angeberei nicht nötig.

Sarina Aschmann, Reporterin des RTL-Regionalfernsehens, wird intern Aschi, Sarini oder Äschmäään genannt.

Der Beklagte in einem Prozess vor dem Landgericht gab an, ein Bürger des Staates »Germanitien« zu sein. Er stammt aus dem Allgäu.

Mannheim liegt auf demselben Längengrad wie Bénoué in Kamerun, Eidsvåg in Norwegen und Pettenasco am Lago d'Orta in Italien.

The Mannheim Uroband war in den 1990er-Jahren eine Rockband, die aus fünf Urologen bestand und sich textlich mit Hodenprellungen, Blasen und Nierensteinen befasste. Ihre Alben hießen »Uromania«, »Wasser marsch …« oder »Autsch …!« Typische Songtitel waren Uroboogie, Uro-Rap, Hodentorsion, Ausfluss oder »Oh Prostata«. Die Konzertreise hieß »Goldfingertour«. Auf Medizinerkongressen traten sie auch unter dem Namen Uro Blues Band auf.

Seit 2008 gibt es in Alteichwald das Gardegrillfest. In anderen Stadtteilen werden meist Würstchen oder Steaks gegrillt.

Vom Kurpfalzkreisel aus ist der Abzweig zum Hafen symbolisch durch ein Segelschiff sowie den Schornstein eines vergrabenen Dampfschiffes markiert.

»Monnem vorne!« war der Schaffner-Ruf in Dampfeisenbahnzügen, wenn der hintere Teil in Friedrichsfeld abgekoppelt wurde und nach Stuttgart beziehungsweise Frankfurt weiterfuhr. Der zum Slogan gewordene Ruf ist mindestens siebzig Jahre älter als »America first«.

In Mannheim stehen 2800 Gebäude unter Denkmalschutz. Das jüngste ist die Universitätsbibliothek in A3 aus dem Jahre 1988. Die zuständige Dame trägt einen Namen, der gleichfalls denkmalgeschützt ist: Dr. Ronellenfitsch.

Die Strandbad-Buslinie 49 hält dreimal: am Anfang, in der Mitte und am Ende. Die Gesamtstrecke beträgt 1,7 Kilometer. Die Gesamtfahrzeit beträgt 1 : 30 Minuten. Auch bei Regen.

Die Silberpappel, nach der das Naturschutzgebiet »Bei der Silberpappel« benannt ist, wurde 1936 im geschätzten Alter von 250 Jahren gefällt.

Am 14. Juni 1925 wurde in der Kunsthalle die Ausstellung »Neue Sachlichkeit« eröffnet. Auf den Tag 44 Jahre später wurde Stefanie Maria Graf geboren, die 377 Wochen lang die Tennis-Weltrangliste anführte, also über fünf Jahre. Rekord. Es gibt eine nordkoreanische Briefmarke mit Steffis Konterfei.

Der Tierarzt in Straßenheim bietet Telefonsprechstunden an, damit die (eine) Straße in Straßenheim nicht verstopft.

In der Sprachklassifizierung gehört Mannheimerisch zu Kurpfälzisch, dieses zu Vorderpfälzisch, dieses zu Pfälzisch, dieses zu Rheinfränkisch, dieses zu Westmitteldeutsch, dieses zu Mitteldeutsch, dieses zu Hochdeutsch, dieses zu Westgermanisch, dieses zu Germanisch, dieses zu Indogermanisch. Planet Erde, guten Tag.

Gegenüber von B7 hängt an der Wand das mirakulöse Straßenschild C8, 15–20, 1. Der Hauseingang zur Nr. 1 liegt einfach auf der »falschen« Seite.

Laut offiziellem Text wurde der Grundstein des Schlosses »im Jahre 1720 nach der jungfräulichen Geburt am 2. des Monats Juli« gelegt.

Vor dem Fahrrad-Parkhaus am Bahnhof ist es verboten, Fahrräder abzustellen oder abzuschließen.

2019 stellte der Geschäftsführer des Rhein-Neckar-Fernsehen überrascht fest, dass »lineare Angebote immer mehr an Beliebtheit verlieren«. Zu diesem Zeitpunkt versucht RNF händeringend zum zweiten Mal, insolvent sein zu dürfen.

75 % der verstorbenen Mannheimer werden verbrannt.

Karl Mannheim (früher Károly Manheim) wurde am 27.3.1893 in Budapest geboren und starb am 9.1.1947 in London. Immerhin wurde er in Heidelberg habilitiert. Ob er aber jemals in Mannheim war, ist nicht belegt.

Der kleinste Mannheimer Ortsteil ist Straßenheim mit 163 Einwohnern.

Die Erfinderin der glutenfreien, aber auch kalorienarmen »Love me Cakes« in der Seckenheimer Straße heißt Christiane Bonkat. Im Dialekt ist ein Bonkat ein – wörtlich – »auf der Bank Gezeugter«. Mit Keks oder ohne.

»Agilitypfoten Mannheim« fordert von Mitgliedern: »Gesund sollten Sie und Ihr Hund sein.« Für den Hund muss außerdem eine Haftpflicht existieren, für den Halter nicht.

Der mannheimischste Xavier-Naidoo-Reim lautet: »Meine Stadt holt ihren Mann heim, ganz egal wo er auch ist. Diesen Reim schickt ihr der Mann heim, der sie so oft vermisst.« Dies ist weder auf Ludwigshafen noch auf Darmstadt übertragbar.

Die Website gratispinkeln.de empfiehlt äußerst zentral: »Der Weg vom Wasserturm, den kleinen Hügel hinunter. Nicht zu übersehen. Rundes, rötliches Klohäuschen mit angenehmem Klima und sauberen sanitären Anlagen«, bewertet gemäß Schulnoten mit einer 3 (befriedigend) und merkt an: »Zeitlich unbeschränkt zugänglich«.

Achtung Filz! In der Seckenheimer Straße Beim Glockacker logiert der »Stoffwichtel«, ein Laden, der Produkte anbietet wie Weihnachtssäckchen, Kirschkernkissen und Mutterpasshüllen.

Der aktuelle Duden empfiehlt, das Wort »orthografisch« mit f zu schreiben, womit der erste Duden aus dem Jahre 1880 somit gleich im zweiten Wort einen Schreibfehler hätte: »Vollständiges Orthographisches Wörterbuch der deutschen Sprache«.

Der Wochenmarkt vor dem Hauptbahnhof besteht aus fünf Ständen.

Der US-Gebrauchtwagenhändler Manheim (sic) existiert seit 1945.

In der längsten Wörterliste der Gegenwart (1,1 Millionen) steht Mannheim zwischen Mannfred und Mannikin (sic, sic).

»I was, I am, I will always be free« ist das Tattoo am Jochbein von Shanice Craft. Die Diskuswerferin und Kugelstoßerin hat zahlreiche Medaillen gewonnen und wiegt 93 Kilo.

Der beste Mannheimer Boxer wurde fünfmal deutscher Meister in den 1950er-Jahren: Edgar Basel beherrschte die Bantam-Gewichtsklasse bis 53 Kilo. Und Basel war gerade mal 1,59 Meter groß.

Im odenwäldischen Rimbach findet sich der nächstgelegene, für Mannheim zuständige Cembalobauer-Experte.

Im August 2018 betrug die Wassertemperatur im Neckar 28° Celsius.

Mannheim liegt auf demselben Breitengrad wie Autreville in Frankreich, Nenjiang in China und die Gaststätte Nordpol in Nürnberg.

Unter der Website Mannheim.cl findet sich eine chilenische Autoersatzteilfirma, die von Don Werner Mannheim und seinen Söhnen 1962 gegründet wurde.

Sein 175. Jubiläum feierte der Hauptfriedhof 2017 mit einem »Tag der offenen Tür« (außer für Mausoleumsinsassen). Kumme Se roi, kenne Se nausgugge.

Das Zentralinstitut für seelische Gesundheit empfiehlt auf seiner Website unter dem Stichpunkt Routenplaner: »Tipp: Als Straße 15 eingeben«.

Seit 2016 gibt es den Sandhofentaler. Mit dieser Währung der Volksbank kann man nur in Sandhofen einkaufen. Von Abspaltungsplänen Sandhofens ist dagegen noch nichts bekannt.

Laut Auskunft der Zeugen Jehovas gibt es in Mannheim 600 Menschen, die keine Bluttransfusionen möchten und die Evolution für ein Spielzeug Spielbergs halten.

Auf Facebook erhält das ZI eine Durchschnittsbewertung von 3,2 von 5.

Zwischen dem Dalberghaus in N3 und der Stadtbücherei in N1 sollte ein Verbindungstunnel gebaut werden. Der Gedanke taucht immer wieder auf, wird aber immer wieder nicht realisiert.

Der Wikipedia-Eintrag »Mannheim« existiert in 93 Sprachen, darunter Aserbaidschanisch, Nordfriesich und »Pälzisch«.

Es war auf dem SPD-Bundesparteitag im stets revolutionären Mannheim, als Oskar Lafontaine in einer Kampfabstimmung Rudolf Scharping stürzte und diesem als Trostpreis den Parteivize-Job überließ.

Im Gegensatz zu anderen Städten kostet das Street Food Festival in Mannheim Eintritt – nämlich den für den Herzogenriedpark.

Der geschwätzigste Grabstein auf dem Hauptfriedhof ist jener des Herrn Wolfgang Heribert Dalberg, worauf in 51 Worten alles Mögliche erklärt wird, nur nicht, worin seine besonderen Verdienste bestanden (Intendant Nationaltheater).

Die Meteorologische Gesellschaft wurde in Mannheim von Herrn Kurfürst persönlich gegründet. Wenn allüberall um 7, 14 und 21 Uhr die Messinstrumente abgelesen werden, heißt das »Mannheimer Stunden«.

Der Freundeskreis zum Erhalt der Magdalenenkapelle Straßenheim wirbt mit dem Slogan »Wir ziehen an einem (Glocken)Strang«. Die Kapelle verfügt über ein Harmonium, aber weder über Gesangbücher noch über eine Toilette.

Xaviers zweiter Vorname ist Kurt.

Der entfernteste Bahnhof, den man von Mannheim aus ohne Umsteigen erreichen kann, ist Marseille-Saint Charles. Dabei ändert der Zug viermal den Namen. Die einfache Fahrt kostet rund 150 Euro.

Ein echter Löwe hat an den Vorderläufen 5, an den Hinterläufen jedoch nur 4 Krallen. Der Mannheimer Wappenlöwe hat jeweils nur 4.

Der Roman »Alberta empfängt einen Liebhaber« von Birgit Vanderbeke aus dem Jahr 1997 spielt teilweise in Paris, teilweise in Mannheim.

Schmuse-Soulsänger Sydney Youngblood (»Sit And Wait«) leistete seinen Militärdienst für die US-Armee Anfang der 1980er-Jahre in Mannheim. Er trat zum Beispiel im von der Stadt gegründeten Soulman Club auf dem Waldhof auf.

In der City wird auf 40 % der Verkaufsfläche mit Kleidung gehandelt.

Der nördlichste Mannheimer Biergarten ist die Gutsschänke Kirschgartshausen am Hohen Weg zum Rhein.

»Dledschd« und »ledschdns« heißt auf Hochdeutsch »neulich«.

Alle Trainer des SV Waldhof Mannheim 07 hießen Jakob, William, Karl, Heinrich, Johann, Hans Otto, Fritz, Herbert, Herbert, Willi, Hermann, Karl, Fritz, Fritz, Hans, Fritz, Fritz, Ludwig, Árpád, Adolf, Karl, Fred, Ludwig, Robert, Fritz, Hermann, Helmut, Hans, Klaus, Hans, Anton, Slobodan, Ludwig, Georg, Klaus, Klaus, Felix, Günter, Valentin, Klaus, Jürgen, Valentin, Uli, Hans-Günter, Roland, Klaus, Günter, Uwe, Walter, Andi, Walter, Stefan, Viktor, Eugen, Slavko, Massimo, Hans, Steffen, Alexander, Walter, Reiner, Andreas, Kenan, Gerd, Michael und Bernhard.

Das Social-Media-Portal des Verkehrsverbunds heißt »Hiekumme-Hämkumme«.

Die einzige Buslinie, die den Rhein überquert, ist die 98 nach Altrip. Mit der Fähre.

Vor dem Technoseum kraucht ein Dämon auf Schienen entlang. Es soll eine Dampflok sein.

Die Stadt Mannheim hat die »Mannheim Green City Band« gegründet, die mit Auftritten unter anderem auf Wochenmärkten für den Nahverkehr wirbt.

Die Neckarschleuse in Feudenheim wird jährlich von 6000 Schiffen passiert. Ihre Postadresse ist Am Neckarplatt 20.

Als die Kasse beim Jugendzentrum »Forum« immer knapper wurde, baten die Zuständigen um Spenden in Form von Klopapier. Es konnte auch bei einer Veranstaltung auf dem Paradeplatz direkt abgegeben werden. (Statt gefaxt?)

In Mannheim gibt es 23 Paraguayer und 23 Uruguayer.

Die russische Website Travelask.ru bezeichnet Mannheim als »im Großen und Ganzen sichere Stadt, jedoch gibt es einige Stadtteile, in denen die Verbrechensrate erhöht ist. Hierzu gehören Vogelstang, Neckarstadt-West, Jungbusch (nachts).«

Im beschaulichen Seckenheim lieferten sich 2019 zwei junge Männer ein illegales Autowettrennen. Der 18-jährige Raser hatte eine illegale Schreckschusswaffe. Der minderjährige der beiden war 17 Jahre alt, hatte keinen Führerschein und fuhr gegen ein Verkehrsschild. Die Polizei war dankbar, denn beide Beifahrer filmten das Rennen.

Die RTL2-Doku-Soap »Hartz und herzlich« über Bewohner der Benz-Baracken erreicht in der Spitze 1,86 Millionen Zuschauer. Wichtige Protagonisten heißen Jenny, Chantal, Janine und Elvis.

Das Bakterium Mannheimia haemolytica ist nur für Tiere schädlich, insbesondere für Rinder.

Am 5. Juli 2019 brachen 132 Reiter auf Friesen im Rahmen der Equitana auf dem Maimarkt den Weltrekord im Aufstellen einer Quadrille. Friesen sind Pferde.

Auf dem Cover des Schallplattensamplers »Mannheim lacht« von 1981 wurden die Buchstaben von »lacht« als die Quadrate L5 A3 C7 H1 T4 dargestellt.

Bei der Beerdigung des Musikers Norbert Schwefel spielte die Band während der Trauerfeier »Champagne, Champagne«.

Eine christliche Gruppe nennt sich AKUT, »Alt-Katholische Ungeahnte Talente«.

Das Naturschutzgebiet Backofen-Riedwiesen hat ein Partnerschutzgebiet, die Schwetzinger Wiesen. Insgesamt verfügt Mannheim über sieben Naturschutzgebiete.

Der Rat für deutsche Rechtschreibung kennt das Wort »dissen« nicht, der Duden aber wohl.

Im Scipiogarten in N5 sind Schleppstufen, der Lauergarten in M6 ist ein Senkgarten. Aber nur der Lameygarten in R7 ist ein Senkgarten mit Schleppstufen.

Eine Wohnung im Glückstein-Quartier hinter dem Hauptbahnhof kostet rund eine halbe Million Euro. Von dort sind die B36 und die Züge gut zu hören. Die Benutzung des Begriffs Quartier für »Wohnviertel« ist laut Duden schweizerisches Deutsch.

Im Duden fehlt das Wort »Duden« (vielen Dank an Peter Metz).

Alphabet City in New York hat keine Quadrate, daher hat Mannheim auch keine Städtepartnerschaft mit New York beantragt.

In der Deutschen Nationalbibliothek sind 30 Bücher von oder über Hanns Glückstein. Ein signiertes Exemplar des »Drahtverhau« von 1917 gibt es antiquarisch für 142 Euro.

In F6 befand sich die Zeichnungsakademie des alten Kurfürsten, danach eine Zigarrenfabrik, danach die Stadtverwaltung. Heute wird hier kräftig gewohnt.

Mannheim erstreckt sich von Rheinkilometer 412 bis 437.

Selim I. ließ zwei seiner Söhne erdrosseln, kämpfte militärisch gegen seinen Vater und ließ alle seine Brüder und Neffen hinrichten. Als strenger Sunnit verfolgte er sowohl Aleviten als auch Schiiten. Er unterwarf Ägypten und die arabische Halbinsel. Als er sich allerdings anschickte, Rhodos anzugreifen, erkrankte er und verstarb. Sein Beiname Yavuz bedeutet »grausam«. Die Mannheimer Moschee ist nach ihm benannt.

Im Ochsen gibt es das Schnitzel »Narrebloos« mit Kochkäse.

Das Stadtarchiv Mannheim – Institut für Stadtgeschichte heißt seit 2018 Marchivum, obwohl Mannheim keinerlei römische Geschichte hat.

Im 17. Jahrhundert standen in den Quadraten 4 Synagogen.

Nur dem EKZ Wohlgelegen wird die Ehre einer eigenen Haltestelle zuteil.

1955 schlossen Deutschland und Italien den Vertrag über die Anwerbung von Gastarbeitern ab. Und schon 1960 eröffnete in Sandhofen die Eisdiele Fontanella, zu deutsch Brünnlein.

Vor 750 Jahren hieß Kirschgartshausen »Husen«.

Das Quadrat N1 hat keine Hausnummern.

1998 vereinbarten die vier badischen Universitäten Mannheim, Freiburg, Karlsruhe und Heidelberg den Aufbau einer »International Tele-University Germany« (INTUG), die sich als eine der ersten an Privatstudenten auch in anderen Ländern richten sollte. Der Erfolg der INTUG hielt sich in spektakulär überschaubaren Grenzen.

Im Hafengebiet gibt es mehr Kilometer Bahnschienen als in ganz Albanien.

Die giftigste Tierart in Mannheim ist die Kreuzotter, wenn auch ihr Biss maximal mit einem Wespenstich vergleichbar ist. Die gefährlichste hingegen ist mit Abstand die Zecke, deren Biss durch die Verbreitung von verschiedenen Krankheiten tödlich sein kann.

Das Rhein-Neckar-Fernsehen wirbt für seine Reichweite mit dem Satz: »Fast 50 % der Zuschauer sind unter 50!«

Der kürzeste Kilometer der Welt wird auch Mannheimer Kilometer genannt. Durch die Umleitung des Neckars um die Friesenheimer Insel wurde aus einem ehemaligen Flusskilometer viel weniger. Der Abstand zwischen den Kilometermarken 436 und 437 beträgt nicht 1000 Meter, sondern nur 650. Mach halblang!

6 Brezeln decken den Tageskalorienbedarf einer erwachsenen Mannheimerin. 7 Brezeln ernähren den ausgewachsenen Mannheimer.

Die zweitgrößte baden-württembergische Stadt am Rhein ist Mannheim, knapp hinter Karlsruhe.

Der höchste Punkt Mannheims liegt auf 114 Metern über dem Meeresspiegel. Ob die Stelle im Rheinauer Wald oder im Friedrichsfelder Wald liegt, hängt davon ab, welchen Quellen man vertraut. Jedenfalls lag dort von 2013 bis 2016 ein Gipfelbuch, in das man sich eintragen konnte, welches jedoch gestohlen wurde. Sachdienliche Hinweise nimmt die Mannheimer Bergwacht entgegen.

Die Website der Mannheimer DRK-Bergwacht gibt es tatsächlich. Der Ansprechpartner heißt jedoch Max Mustermann und wohnt in der Musterstr. 1 in 12345 Musterstadt.

Ein Thaimassage-Salon hinter dem Bahnhof heißt »Somporn«.

2018 und 2019 zerschlug ein Mannheimer über 100 Autoscheiben mit einem Nothammer und wurde zu einer Bewährungsstrafe verurteilt. Der Schaden beläuft sich auf über 80 000 Euro. Der Beruf des Täters: Bierbrauer.

Der Konversionsprozess sollte 500 Hektar Militärfläche umwandeln. Im (deutschsprachigen) Schreiben des US-Botschafters an Peter Kurz sind 4 Schreibfehler.

Auch nach 40 Jahren steht JNTM für »Junges« Nationaltheater Mannheim.

Die erste Firmenbezeichnung der Papierfabrik lautete Zellstoffwerke Waldhof (Zewa), ab 1970 Papierwerke Waldhof-Aschaffenburg, ab 1995 Svenska Cellulosa Aktiebolaget (SCA), der zwischenzeitliche Name SCA Tissue Europe wurde wiederum in Essity Germany geändert. Zewa heißt aber weiterhin Zewa und nicht TIEU oder ESGE.

Statt Kreppklopapier gibt es heute Zewa Bewährt, Zewa Kamille, Zewa Samtig, Zewa Ultra clean, Zewa Ultra Senses Mandelmilch, Zewa Premium, Zewa Ultrasoft zauberhafte Feige.

Der Naturforscher Georg Schimper lebte zeitweilig in F5. Er starb in Äthiopien.

Die Allianz pro Schiene kürte den Mannheimer Hauptbahnhof zum Bahnhof des Jahres 2005. Da jeden Tag 110 000 Fahrgäste zu-, aus- oder umsteigen, ist der Mannheimer Hauptbahnhof der zweitgrößte Verkehrsknoten im Südwesten.

Der Abwasserkanal der Zellstofffabrik und der chemischen Fabrik Weyl heißt seit 1908 Stinkkanal, stank im Lauf der Jahre immer mal etwas anders und inzwischen fast gar nicht mehr.

Das Institut français Mannheim verwendet auf seiner Website (englische) Cookies und lässt die Wahl zwischen (deutschem) »Zustimmen« und (französischem) »Décline«.

Die Verwaltung der Universität hat keine Hausnummer. Daher gibt es öfters Verspätungen und Irrtümer bei der Zustellung von Briefsendungen, Paketen und Funghipizzen. Die Adresse lautet nämlich einfach Bismarckstraße, 68161 Mannheim.

In Mannheim gibt es nicht mehr Aufregerthemen als anderswo. Meldet Google zum Beispiel für Berlin zehnmal so viele Treffer bei den kombinierten Suchbegriffen, entspricht dies dem Zehnfachen der Einwohner. Also sind Mannheimer »normal«. Hääd mer nedd gedengd.

Neckarau liegt nicht am Neckar. Die Schönau ist nicht schön. In Straßenheim gibt es nicht nur Straßen.

Im Rosengarten logieren die Honorarkonsuln von Frankreich und Italien.

Der SV Waldhof Mannheim 07 war im Jahr 1933 Deutscher Meister im Handball.

In Mannheim schlagen pro Jahr 480 Blitze ein, also 3,3 pro Quadratkilometer.

Im Juli 2019 rief ein Zeitungsleser beim »Mannheimer Morgen« an und tat kund, dass die Altpapiertonnen zwei Tage zu spät abgeholt worden waren. Die Müll-Service-Telefonnummer auf seinem Abfallkalender sei nicht mehr korrekt.

Auf japanisch heißt Mannheim マンハイム – gesprochen »Manhaimu«.

Während die Pappelallee die einzige Mannheimer Straße ist mit 3e, 3p und 3l, hat der Bromberger Baumgang 3b, 3g und 3r. Da Bromberg heute in Polen liegt, müsste er korrekt Bydgoszczy bieg drzewa heißen. Mit 3z.

Zehn Sätze, die Mannheimer nicht verstehen:

- Könnten Sie etwas freundlicher sein?
- Aber Heidelberg ist schon schöner.
- Wie heißt das auf Hochdeutsch?
- Ich kenne niemanden, der schon mal hier war.
- Wo ist die U5-Straße?
- Ich finde das sehr schön hier in der Pfalz.
- Hat das nicht früher zu Ludwigshafen gehört?
- Hier ist doch dieser Waldhof mit seinen ganzen Nazis und Hooligans.
- Schade, dass es in Mannheim keine Uni gibt.
- Guten Tag.

Ein Gewässer namens Filsbach ist in keiner historischen Karte verzeichnet, die (ehemalige) Existenz derselben ist somit fragwürdig.

Johann Jakob Hemmer, Leiter des Physikalischen Kabinetts am Hof des Kurfürsten Karl Theodor in Mannheim, entwickelte den »Hemmerschen Fünfspitz«, einen der ersten Blitzableiter. Der Nutzen dieses Geräts ist nie bewiesen worden.

Wenn sich Gemeinderäte innerhalb ihrer Fraktion nicht einigen können, wer wo sitzt, weist der Oberbürgermeister den Sitzplatz zu.

Das erste Spiel des SV Waldhof Mannheim in der 1. Bundesliga fand in Ludwigshafen statt. Die »heimischen« Fans hörten überrascht, wie die Gästefans »Hier regiert der SVW« skandierten. Sie unterstützten den Gegner SV Werder Bremen.

Die Form der Stadtgrenze von Mannheim erinnert an die Ländergrenzen des Kosovo.

5900 Mannheimer leben mit einem nächtlichen Straßenverkehrslärm über dem Grenzwert von sechzig Dezibel.

Der Friedensengel in E6 wurde von Konrad Adenauer eingeweiht und heißt allgemein »Die schepp Liesl«.

Der in Mannheim gebürtige Fernsehprofessor Heinz Haber beschrieb schon in den 1970er-Jahren die drohende Erderwärmung durch CO2.

Xavier Naidoos erstes Wort war nicht Mama, sondern »Audo«.

Die Mardi Gras b.b. wurde von Uli Krug 1992 gegründet, als dieser den Auftrag bekam, für die Alte Feuerwache einen Tanz in den Mai zu beschallen. Uli Krug war gleichfalls Gründungsmitglied von Guru Guru über 20 Jahre davor.

1959 verzichteten mehrere Stadträte auf die ihnen zustehende Monatskarte im Wert von 36 Mark, weil sie sie nicht gebrauchen konnten, und bekamen zur Entschädigung die 36 Mark aufs Konto überwiesen.

Die gefährliche Giftspinne »Falsche Witwe« in einer Neuhermsheimer Wohnküche entpuppte sich bei näherer Untersuchung als harmlose Kugelspinne.

Die erste Geschwindigkeitsbegrenzung auf einer Autobahn wurde Ende der 1950er-Jahre zwischen Frankfurt und Mannheim eingeführt: 100 Stundenkilometer.

In Feudenheim wohnen 20,4 Prozent Migranten.
In Neckarstadt-West 69,1 Prozent.

Mannheim beheimatet den zweitgrößten Rangierbahnhof in Deutschland.

Heute wohnen 6 Personen in Mannheim, die heißen wie der Blumepeter: Peter Schäfer.

Ein Ministerpräsident Helmut Kohl sollte im bayrischen Radio die Beatles ansagen, entschied sich spontan um und kündigte »Joy and the Hit Kids« an. Seine Begründung: »Zu den Beatles habe ich kein Verhältnis.«

Der winzige Park im Glücksteinquartier (2 ha) hat von oben die Form eines halben Quadrats.

In den 1920er-Jahren waren auf dem Pfalzplatz (Lindenhof) Tennisplätze. Dann wurde dort ein Tiefbunker gebaut. Nach dem Zweiten Weltkrieg wurden auf dem Tiefbunker auf dem Pfalzplatz wieder Tennisplätze eingerichtet.

Das Leonardo Hotel in Ladenburg heißt Leonardo Hotel Mannheim-Ladenburg.

Die Landeshauptstädte Mainz, Wiesbaden und Saarbrücken sind über die Autobahn näher an Mannheim als Stuttgart.

Mannheim ist die einzige deutsche Großstadt, die an einem Dreibundesländer-Dreieck liegt. Das Bundesländerdreieck liegt mitten im Rhein.

Der Flugplatz Mannheim-Scharhof hieß bei seiner Einweihung 1925 Flughafen Mannheim-Heidelberg-Ludwigshafen .

Die AFN-Europazentrale befand sich von 2004 bis 2013 in den Coleman Barracks in Scharhof.

In der Neckarstadt wirken noch die Franziskaner, zum Teil in Kutten, im »Seelsorgeteam« für ihre Schäfchen an St. Bonifatius und St. Franziskus. Sie sind die letzten verbliebenen Brüder in Mannheim.

Wer auf der numerischen Telefontastatur »Mannheim« wählt, muss 62664346 wählen.

Im Unteren Luisenpark befindet sich seit 2017 eine Calisthenicsanlage, für eine oft rhythmische Sportart mit wenigen Geräten.

Als Wallstadt 1929 zu Mannheim kam, flossen die Abwässer noch durch oberirdische Gräben.

Die kleinste Mannheimer Partnerstadt ist Riesa mit 30 054 Einwohnern, die größte ist Qingdao, das als Kolonie Tsingtau bis 1919 zum deutschen Kaiserreich gehörte.

In Mannheim gibt es 30 Bunker.

In Japan kann man »Curl Manhaimu – Jidai Wo Shindan Suru Bomei Sha« kaufen. Richtig umgeschrieben und übersetzt geht es um das Karl-Mannheim-Buch »Diagnose unserer Zeit«. Der japanische Titel heißt jedoch wörtlich: »Ein Exilant stellt eine Diagnose über unsere Zeit«.

An der Neckarspitze befand sich im 17. Jahrhundert eine kleine fünfzackige Festung. Die Friedrichsburg hatte sieben Zacken, die Mannheimer Festung neun.

In Mannheim gibt es kaum Schadenfreude darüber, dass Ludwigshafen zur hässlichsten Stadt Deutschlands gewählt wurde.

Auf Mannheimer Gemarkung liegen 2 Autobahnausfahrten und 2 Autobahnkreuze.

Vermutlich ist das Atelier von Walter Mülleder in der Käfertaler Straße 19 voll. Jedenfalls stehen etliche seiner quietschbunten Skulpturen auf der Straße gegenüber der Neckaruferbebauung, die zur »Kleinen Kunstmeile« werden soll.

Die alte Postleitzahl Mannheims war 68. So viel Euro kostet die billigste Übernachtung im ältesten Gasthaus, dem Ochsen.

Wo der erste Engelhorn seine Goldschmiedewerkstatt hatte, logiert heute ein »Kompetenzzentrum für Mode und Textilwirtschaft« – Stoff!

Das neue Logo der MVV soll eine »Energieschleife« darstellen, wirkt jedoch wie ein Graffiti-Tag.

Das RNV-Liniennetz ist 700 Kilometer lang. Hängt man alle Busse und Bahnen aneinander, kommt man locker in Mannheims Partnerstadt Berlin-Wilmersdorf.

Alle Mannheimer Partnerstädte zusammengenommen haben 8.434.554 Einwohner. Wenn die alle auf einmal zu Besuch kommen, wird's voll beim Grimminger.

Neben der Grundschule, in die Peter Kurz ging, steht auch heute noch ein Hochbunker.

Die amerikanische »9. Chemische Kompanie« stand im Mannheimer Telefonbuch der 1960er- Jahre.

In der Philippuskirche packte eine Mannheimer Putzfrau 2016 Müll in die Mülltonne, »wie sisch's ghert«. Die goldfarbenen Rettungsdecken waren aber Teil einer Installation zur Flüchtlingsproblematik. Kurzerhand erklärte die Künstlerin die so gefüllte Tonne zum Teil ihres Kunstwerks.

Die Unterführung am Bahnhof zum Lindenhof heißt offiziell Tunnelstraße, allgemein jedoch Suezkanal. Warum? Ein Lindenhöfer Glasfabrikant war mit Lesseps, dem Architekten des großen Suezkanals, befreundet. Zudem kann die Unterführung ebenso wie das Vorbild bei Hochwasser geschlossen werden – hier allerdings nur per einfacher Schranke.

Das Gewürzsalz »Monnem No1« aus der Adler Mannheim Gewürzserie wird mit »The Eagle's Choice« beworben. Tatsächlich können Speisen schon mit 1 Prozent Salzgehalt für Adler tödlich sein.

Straßenmusiker haben die zweite Hälfte jeder vollen Stunde spielfrei zu halten.

Nach jahrelangen Diskursen verfügte die Stadt, dass das Grillen am Neckar nur unter bestimmten Auflagen gestattet ist, z. B. unter Vermeidung von Rauchentwicklung.

Die Fußball-WM 2006 war von der Hamburg-Mannheimer versichert. Is nix passiert.

In Kaiserslautern wurde unter den Franzosen die »Mannheimer Chaussee« in »Rue de Mannheim« umbenannt.

Die Garagen-Punkband »Achtung Spitfire schnell schnell!!« heißt abgekürzt ASSS.

Das Skulptur-Gebilde auf dem Paradeplatz hört auf den Namen »Allegorie der herrscherlichen Tugenden«.

Die Straße am Victoria-Turm heißt »Am Victoria-Turm«.

Der spätere Prinz Joti I. googelte 2016 den Präsidenten von Feuerio und teilte ihm telefonisch mit, dass er Prinz werden wollte.

Die größte Veranstaltung Mannheims aller Zeiten war die Feier eines neuen Bodenbelags der Planken im Frühling 2019.

In Mannheim gibt es zwei Kneippbäder.

Mannheim hat 1886 Twitter-Follower. Und im Jahr 1886 erhielt Benz das Reichspatent für den Motorwagen.

In der ersten Werbeanzeige wurde ein »Patentmotorwagen mit abnehmbarem Halbverdeck und Spritleder« angepriesen. Die Werbeslogans lauteten: »Neu!« und »Praktisch!«

An der Gondoletta-Anlegestelle »Festhalle Baumhain« steht seit 2006 ein Schnullerbaum.

Die Erdkruste unter Mannheim ist 27 Kilometer dick.

Das »Ministerium für Glück und Wohlbefinden« wurde von Studenten an der Mannheimer Fakultät für Gestaltung gegründet.

Der Sänger der Band Schwefel hieß Schwefel. Die Band löste sich nach seinem Tod auf.

In Mannheim werden pro Tag 30 000 Kaffeebecher weggeworfen. Im Jahrtausend sind das fast elf Milliarden.

Jeder fünfte Mannheimer ist in einem Sportverein.

An der Suebenheimer Allee – die wirklich nur teilweise baumbestanden ist – dürfte einer der besten Hamburgerläden »Mampf & Schmatz« sein.

Das Männerballett »Kurpfälzer Traumtänzer« wählt jedes Jahr ein anderes Motto für die Saison. Zum Beispiel war es 2014 »Hänsel und Gretel«, 2019 »Jim Knopf«.

2019 trafen sich fünf Karnevalsvereine zur stadtgrenzenübergreifenden Feier: Insula, Zabbe, Schlabbdewel, Kummetstolle und Kälble riefen zur InZabbSchlabbKuKä-Sitzung.

In Mannheim gelten Fischzucht, Minigolf und Go als Sportarten.

In Käfertal steht die größte und modernste 3D-Schwarzlicht-Minigolfanlage im Rhein-Neckar-Kreis.

Der längste Mannheimer Straßenname ist: Elisabeth-Altmann-Gottheiner-Straße. Der kürzeste A1.

In Mannheim gibt es 1926 Straßen.

Auf dem Waldhof gibt es für Kampfsportfreunde seit 1991 den 1. Wushu-Club Mannheim. Bisher existiert noch kein 2.

Das Wappentier der Mannheimer Adler ist ein Adler, der MadDogs eine Bulldogge, der Rhein-Neckar-Löwen ein Löwe.

Eine ehemalige Mannheimer Schwulenkneipe hieß XS (extra klein). Es bezog sich auf die Raumgröße.

Der Rhein-Neckar-Löwen-Handballer Niclas Kirkeløkke spielte vorher beim dänischen Verein GOG, zusammengesetzt aus den drei Dörfern Gudbjerg, Oure und Gudme.

Unter dem Rathaus ist ein Geheimgang. Sein Zweck ist geheim.

Die meisten der jährlich rund 30 Nachtflüge, die vom Flugplatz Mannheim abgehen, dienen dem Transport von Spenderorganen.

Die weiteste Ausflugs-Schiffsstrecke von Mannheim führt nach Neckarsteinach: etwa 37 Kilometer.

Der kürzeste Wikipedia-Artikel über Mannheim ist auf thailändisch: 5 Zeilen lang.

Bülent Ceylans Figur Annelies beklagt sich häufig über »Dihor«. Auf rumänisch ist Dihor ein Iltis.

Statistisch gibt es in Mannheim 27 108 funktionale Analphabeten. Das entsprich recht genau der Einwohnerzahl des Bezirks Käfertal, was nun aber wirklich Zufall ist. Sein MUSS.

Der Oberbürgermeister Peter Kurz steht im Telefonbuch.

Die Rhein-Neckar-Löwen tragen den Spitznamen Kröstis von ihrem Vorläuferverein SG Kronau-Östringen. Sie heißen Löwen, weil sie sich groß und stark fühlen.

In einer lauen Maiennacht 2019 musste die Polizei ein lebensgroßes Plastikpferd zurück zu seinem Standort vor der Bildungsakademie bringen. Erfolglos, denn das Pferd kehrte zurück. Die Polizei musste in dieser Nacht insgesamt dreimal das Pferd zurückverfrachten. Beim Polizeipräsidium gingen keine sachdienlichen Hinweise ein.

In einer Umfrage von FriendsScout24 zur Beliebtheit von Dialekten landete Pfälzisch und somit auch Mannheimerisch mit 3,7% auf dem letzten Platz.

Es dauert 2,5 Jahre, eine Neue Kunsthalle zu bauen, man braucht drei Jahre für eine SAP-Arena, aber sechs Jahre für einen Fahrlachtunnel.

Gagey Mrozeck produzierte Udo Lindenberg, spielte unter anderem bei den Krautrockern Kin Ping Meh und unterrichtet an der Popakademie.

Der Mannheimer Ehrenbürger Wilhelm Furtwängler war der Großonkel der Schauspielerin Maria Furtwängler.

Beim letzten »German-American Volksfest« hingen im Festzelt ausschließlich amerikanische Fahnen.

Das Gefängnis hat die höchste Quote an Mitarbeiterinnen in ganz Baden-Württemberg.

Die Querdenker Mannheim werden geführt von einem VWLer, Kanzler, Professor, Managementer, Controller, strategischer Entwickler mit Weiterbildung bei thyssenkrupp ... Aber vor allem macht er »International Business«. DAS gilt in Mannheim als »Querdenker«.

Auf ihrem Parteitag 1978 beschloss die DKP in Mannheim, zu einer »sozialistischen Gesellschaft« zu gelangen. Das geltende Statut der Kommunisten wurde wiederum 1993 auf dem zweiten Parteitag in Mannheim beschlossen.

Mannheim ist die erste baden-württembergische Stadt mit einem Gleichstellungsbeauftragte/n/r-in. Der Job des LSBTI-Beauftragten ist es, Strategien zu entwickeln...

Der Merkspruch für die Reihenfolge des Ringes im Gegenuhrzeigersinn lautet KAISER FRIEDRICH liebte LUISE im PARK.

Die JVA Mannheim ist sternförmig gebaut, um die Gefangenen besser überwachen zu können. Das Vorbild steht in Philadelphia und beherbergte unter anderem Al Capone.

Vermutlich wird der nächste neue Mannheimer Stadtteil Turley Homerun heißen.

Die Mannheimer Bürgerinitiativen haben sich zum Netzwerk der Bürgerinitiativen zusammengeschlossen. Die meisten sind für einen Erhalt, gegen einen Abriss und für Natur.

Seit 1999 ist der Wasserturm außer Betrieb und enthält kein Wasser mehr, sondern nur noch Luft. Man müsste ihn demnach dringend in Mannheimer Luftturm umbenennen.

Eine beliebte Veranstaltung der Psychologischen Lesben- u. Schwulenberatung ist das Sommerfest »Grillen am anderen Ufer«.

Im Zweiten Weltkrieg wurden 2300 Brandbomben auf das »Café Landes« geworfen.

ALDI Mannheim steht im Telefonbuch, obwohl ALDI Mannheim kein Telefon hat.

2013 bewarb sich die Mitarbeiterin des Nationaltheaters Lydia Wellbrock für die Wahl zur Miss Pforzheim, weil es keine Miss-Mannheim-Wahl gab.

Spaghettieis heißt auf italienisch »spaghettata di gelato«.

1969 kostete ein Patent 900 D-Mark, die der Spaghettieis-Erfinder Dario Fontanella nicht hatte.

Rainer Freiherr Schilling von Canstatt wurde in Witten an der Ruhr geboren und erfand den Mannheimer Bloomaulorden.

Die Stadtsilhouette an den VRN-Haltestellen besteht aus einem Büroturm, einem Schloss, einem Rathaus, einem Wasserturm, einer Konzerthalle, einem Collinisteg, drei Wohnhochhäusern und einem Fernmeldeturm – und keiner SAP-Arena.

In Ludwigshafen gibt es nur eine Person namens Mannheim – und die hat noch ein s dran.

Eine italienische Freikirche wirbt jeden dritten Sonntag mit kostenlosen Aperitifen – nach der Messe.

Nur ein Fünftel der Bloomaulordenträger ist weiblich.

Die Planer des ersten Bahnhofs dachten nur an den Personenverkehr und irrten. Er wurde 1840 nach vier Jahren Vorlauf gebaut.

Die erste der 133 Alnatura-Filialen stand in Mannheim. Und steht immer noch an genau derselben Stelle.

Kein einziges Mannheimer Quadrat ist quadratisch.

Die Carl Weissner-Story »Last Exit to Mannheim« erschien in »Gasolin 23«.

Die christliche Mannheimer Krimiautorin Simone Ehrhardt schreibt Bücher wie »Tote Pfarrer reden nicht«, »Der Tod braucht keine Sporen« oder »Mörderisch glänzt der Wald«.

Ein Entwurf als Siegel der Wirtschaftshochschule in den 1950er-Jahren zeigt eine weise Eule, die auf einem Äskulapstab sitzt. Irgendjemand merkte dann doch, dass das Ärztesymbol gar nicht zu den Jungmanagern passte.

In Mannheim hängen 68 Überwachungskameras der Polizei. In Baden-Württemberg war Mannheim Pilotprojekt für die Überwachung des öffentlichen Raums.

An der Mannheimer Produktenbörse werden Heizöl und Getreide gehandelt.

Der Neckarauer Übergang ist die einzige gelbe Brücke in Mannheim.

1954 wurde der ehemalige Stadtrat Kremer an seinem 80. Geburtstag vom Bienenzüchterverein zum Ehren-Imkermeister ernannt.

Jede Nacht schlafen in Mannheim 3500 Besucher.

Im Rhein-Neckar-Kreis gehen jeden Monat 20 000 Notrufe ein. Von den eine Million Menschen im Gebiet ruft also jeder im Schnitt alle vier Jahre an.

2014 fiel ein 18-jähriger Fahrer in Sandhofen auf, auf dessen Kühlerhaube quer ein Mann lag. Laut Auskunft des jungen Fahrers habe der Passant gefragt, ob er ihn mitnehmen könne. Als der 18-Jährige ablehnte, legte sich der Fremde quer auf die Motorhaube und hielt sich am Außenspiegel fest. An einer Ampel sprang der »sehende Passagier« wieder ab. Die Polizei ermittelt noch heute Tag und Nacht und kommt nur schleppend voran.

Die Mess' findet seit einem halben Jahrhundert auf dem »Neuen« Messplatz statt.

Die Touristeninformation wirbt auf ihrer Website an zweiter Stelle mit »Tipps für Ihren Kurzbesuch«.

Der Rheinneckarblog erfand 2018 einen »Terroranschlag auf Mannheim« mit 130 Toten, um die Wirkungsweise von Fake News zu zeigen.

Im Dezernat IV Planung, Bauen, Verkehr, Sport gibt es eine Damenumkleide.

Als der Deutsche Tourismusverband in Mannheim tagte, brachte er zur Freude der Mannheimer Hotellerie selbst 400 Übernachter mit.

Gleich elf Selbsthilfegruppen treffen sich zum Thema Alkoholabhängigkeit. Eine weitere gibt es für alkoholabhängige Schwule.

2015 druckte der Mannheimer Morgen ein Kreuzworträtsel aus regionalen Kriminalfällen, dazu das Foto eines Sexualmordopfers. Die Zeitung entschuldigte sich später.

Der Barfußpfad im Luisenpark bekommt auf Google 25 mittlere, gute und sehr gute Bewertungen – und eine schlechte.

In Schloss, Nationaltheater, Wasserturm und Luisenpark kann man heiraten.

Die reine Fahrradfahrzeit in die Partnerstadt Swansea beträgt 63 Stunden ohne Pausen.

Das soziale Netzwerk Wer-kennt-wen wuchs in der Region Mannheim am zweitschnellsten in Deutschland. Nur Frankfurter waren noch neugieriger, wer wen kennt.

Sonja und Michael Bode gaben dem Mannheimer Morgen 2014 ein Interview unter anderem über »redaktionelle Unabhängigkeit«. Die Familie Bode besitzt 22 Prozent des Verlags.

Die Experten in der Abteilung für Geodäsie der Stadt Mannheim waren ganz sicher, dass der niedrigste Punkt der Stadt »irgendwo bei Kirschgartshausen« liegt. Bis einer nachmaß und herausfand, dass der versteckteste Ort der Stadt sich im Verbindungskanal im Jungbusch, also im Wasser, befindet, nahe der Firma Toptrans Transport und Logistik. Dies dürfte auch der Grund sein, weshalb die Stelle nicht durch ein Schild markiert ist.

Die Gebühr für einen Straßenmusiker beträgt pro Tag 17,40 Euro.

Die Bezeichnungen der Quadrate haben sich siebenmal geändert. Zum Beispiel hieß U3 seit dem Jahr 1733: XVII ½ – 33 – 24 – (namenlos) – K7 – U3 – U1 – U3

Luise von Preußen konnte unmöglich ahnen, dass am Luisenring einmal die einzige »U-Bahn«-Haltestelle sein würde.

Turley ist ein neues Stadtviertel, das recht zentral, nur drei Kilometer vom Wasserturm entfernt, entstanden ist, ein in Großstädten recht seltener Fall. Punktuell wird das Viertel auch Soho Turley genannt, damit niemand vergisst, dass nur London und New York mit Mannheim auf Augenhöhe sind.

Die Zentrale der Bauhaus-Kette liegt in der Gutenbergstraße.

Der Mannheimer Polizeipräsident hat die Dienstnummer 3333.

Die Hundehilfe Lucky Stray kümmert sich um streunende Hunde. Derzeit in Rumänien.

Die »Dusche« ist das dienstälteste Mannheimer Kabarett, nur knapp zwei Jahre später gefolgt von den »ZWEIflern«.

Das Nationaltheater produzierte 2017 die Oper »Vespertine«, frei nach dem Album von Björk.

Seit dem 400-jährigen Stadtjubiläum im Jahr 2007 gibt es in unregelmäßigen Abständen die »Meile der Religionen« zwischen R2 und F3. Es ist die einzige und daher auch größte Veranstaltung ihrer Art. Das Programm heißt Beten, Essen und Singen.

Laut Udo Dahmen können 90 Prozent der Popakademieabsolventen von Musik leben.

Die »Fibel der Forstdüngung« ist ein Standardwerk, das in Mannheim 1971 erschienen ist.

Im Quadrat U3 wurde 1960 der erste Baumarkt in Deutschland eröffnet. Die Fassadenwerbung ist heute noch sichtbar.

Der Musikalienhändler Emil Heckel gründete den ersten deutschen Wagner-Verein. Nach ihm ist eine Straße benannt.

Die erste Institution im Stadthaus N1 war die Stadtbibliothek. Die Räume sind dafür wenig geeignet, weil sie sehr hellhörig sind. Die Dalbergstatue vor dem Dalberghaus zeigt diesem die Rückseite und blickt auf N1, primär auf den REWE City.

In der Planungszeit des Wasserturms nahm man einen Pro-Kopf-Bedarf von 100 Litern an. Heute liegt der tatsächliche Verbrauch bei 160 Litern.

Bei großer Hitze füttert man den Papageien im Luisenpark in Eis eingefrorene Früchte. Pinguine bekommen in Eis eingefrorene Fische.

Im ersten deutschen Netflix-Film begegneten sich eine Heidelberger Milliardärstochter und ein Mannheimer Boxer. Letzterer wurde von dem Hamburger Schauspieler Dennis Mojen dargestellt. Mojen spricht kein Kurpfälzisch.

Der Mannheimer Altertumsverein, der das erklärte Ziel hat, die Geschichte der Kurpfalz zu erforschen, erklärt auf der Website zur Geschichte von sich selbst, einer der ältesten Vereine seiner Art zu sein. Noch jemand wach?

Die Figuren am Marktplatzbrunnen waren eigentlich für den Heidelberger Schlossgarten gedacht.

Die »Physiotherapie im ^{2}« findet sich in der Keplerstraße, also außerhalb der Quadrate.

»Die Mannheimer Abendzeitung« wurde von 1841 bis 1849 gedruckt. Der »Mannheimer Morgen« existiert seit 1946. Einen »Mannheimer Mittag« gab es nie.

Die offizielle Website der Stadt in leichter Sprache erklärt den Lesern den Begriff »leichte Sprache« so: »Leichte Sprache ist ein Eigen-Name. Eigen-Namen müssen groß geschrieben sein. Wir schreiben Leichte Sprache deshalb mit großem ›L‹.«

Seit den Nuller-Jahren wird in Mannheim das Wort Quartier benutzt. Um das ebenfalls neu erfundene Quartiermanagement zu definieren, schrieb die Stadtverwaltung 92 Seiten Text. Kostprobe: »In einer Gebietskulisse von 5000 bis 10 000 Einwohnern wird das Quartiermanagement vor Ort mit einer fachlichen Personalstelle besetzt.«

Direkt vor dem Schloss haben Radler die Qual der Wahl zwischen Rheinradweg, Schillerroute, Drais-Route, Burgenstraße und der Kurpfalzachse. Letztere ist 226 Kilometer lang und geht quer durchs Gebiet.

Die Binnenschifferseelsorger tagten 2012 in Mannheim.

Die Internetadresse miehnnam.de ist frei.

Im Wimmelbuch Mannheim hat die Zeichnerin in den Kapuzinerplanken den Blumepeter vergessen.

In der einzigen deutschen Schachbrettstadt erforschen Wissenschaftler am ZI, ob die Betrachtung von Stellungen im Schachspiel bei der Behandlung von Suchtpatienten helfen könnte.

Mannheimer haben laut Plakatankündigung beim Ludwigshafener Stadtfest freien Eintritt.

Die Buchhandlung Thalia am Paradeplatz bietet 139 verschiedene Bücher mit dem Thema »Mannheim« an. Der Bestseller ist Merian Mannheim. Noch.

2008 verkündete Brockhaus, man wolle werbefinanziert im Internet frei verfügbar sein. Heute kostet ein Brockhaus-Monat 6 Euro.

Die Postadresse der Verwaltung des Luisenparks ist Gartenschauweg 12. Ob die Straße für 2023 in Neuegartenschauweg umbenannt wird, ist nicht bekannt.

Ein Gründungsmitglied der Black-Metal-Band Mayhem war der Schlagzeuger Kjetil Esten Haraldsson Manheim. Ziel der Band war, düsterere und härtere Musik zu machen als Sodom und Venom. Manheim trug den Spitznamen »Morbid Manheim«. Der sechste Song der EP »Deathcrush« heißt »(Weird) Manheim/Pure Fucking Armageddon«.

Das Mannheimer Schloss hat keinen Namen. Im Gegensatz zu Schloss Frauheim in der Steiermark.

Am Valentinstag erhalten küssende Paare freien Eintritt ins Schloss. Und auf dem Lindenhof führt Frau Kussi ein Kosmetik-Institut.

Das Symbol des Mannheimer Katholikentags 2012 war ein Rucksack.

Einen Zirkusbesuch mit Vier-Gänge-Menü gibt es in Mannheim schon ab 75 Euro. Das Ganze heißt »Radio Regenbogen Harald Wohlfahrt Palazzo« und findet neben dem Planetarium statt.

In B3 stand die Tabakfabrik des Lazarus Morgenthau. Nachdem dieser in die USA auswanderte, wurden seine Nachkommen Diplomaten. Sohn Heinrich wurde nur Botschafter. Der Enkel Henry aber arrivierte unter Roosevelt zum Finanzminister. Der nach ihm benannte Morgenthauplan, der vorsah, nach dem Zweiten Weltkrieg alle Industrie abzubauen und Deutschland wieder zum Agrarland zu machen, wurde nie umgesetzt.

Blumenau in Brasilien hat 352 460 Einwohner. Blumenau in Mannheim hat 1155 Einwohner. Bei den Mannheim-Blumenauern haben 21 dort nur ihre Nebenwohnung. In Brasilien weiß man es nicht so genau.

In M4a befand sich eine Dragonerkaserne. Nebenan in M4 arbeitete Karl von Drais an der Erfindung des Fahrrads und somit an der Abschaffung der Reiterei.

Im Nachhaltigkeitsladen »umgekrempelt« kann man für 38 Euro einen undatierten Kalender namens »Simplementär« kaufen, den man jederzeit anfangen kann zu benutzen. Die Jahreszeiten usw. sind dennoch enthalten. Das Startkapital hierzu wurde per Fundraising gesammelt.

Laut Google hat das Restaurant Manufaktur in der Industriestraße 24 Stunden täglich geöffnet. Aber hier irrt Google, wirklich zum allerallerersten Mal.

1873 tobten in Mannheim die Biertrinker. Da der Preis um 20 Prozent erhöht werden sollte, versuchte man zunächst, einen Trinkstreik zu erwirken, aber am Stichtag war die Not so groß, dass die Durstigen Gaststätten zertrümmerten und sich mit der Staatsmacht prügelten. Schließlich gaben die Bauern klein bei und nahmen die Erhöhung teilweise zurück.

Der ehemalige Mannheimer Footballclub Redskins wurde in der Saison 1982 deutscher Vizemeister. Redskin bedeutet entweder »politisch linker Punk ohne Haare« oder »Indianer«. Was hier gemeint war, liegt im Dunkel der Sportgeschichte.

Auf der Reißinsel griff ein Mann einer Spaziergängerin in den Ausschnitt und entschuldigte sich mit der Begründung, er habe darin eine Spinne gesehen.

Die alte Kunsthalle wurde 1907 von Großherzog Friedrich II. von Baden mitsamt Gattin Prinzessin Hilda von Nassau eröffnet. Die neue 2018 von Frank Walter Steinmeier.

Da die neue Kunsthalle zum Zeitpunkt der Eröffnung noch keine Kunstwerke enthielt, besuchte Steinmeier eine Grundschule, wo Kinder Kunstwerke zur leeren Kunsthalle präsentierten.

7 von 10 Mannheimer Clubs befinden sich am Ring.

Nach Halle an der Saale und Frankfurt am Main war Mannheim an Neckar und Rhein Nummer 3 der Mordstatistik (mit Mordversuchen) in Deutschland im Jahre 2008.

Der Pétanqueclub »Bouletten Mannheim« ermittelt beim Turnier am Alten Meßplatz jährlich den »Platzhirsch«. Das Catering besteht aus dem, was irgendwer mitbringt. Die Stadt Mannheim war so freundlich, am Alten Meßplatz ein Schild anzubringen, welches die Regeln des Boulespiels erläutert. Merke: Die Kugeln werden nicht geworfen, sondern gelegt.

Die Hausnummern verlaufen in zwei verschiedene Richtungen um die jeweiligen Quadrate herum, denn so soll von oben das Bild eines Brunnens erzeugt werden, der am Schloss entspringt. Und dies, obwohl es damals noch keine Luftaufnahmen gab.

Zeitweise beherbergten die 15 Straßen des Jungbuschs 30 Gaststätten.

Das Restaurant C-Five liegt in C5.

Die Comic-Figur Bruno Mannheim ist ein Gegenspieler von Superman. Er trägt zum Menouchebärtchen klassische Mafiaschuhe, Zweireiher und raucht Zigarre. Sein Vater ist ebenfalls ein Bösewicht, Moxie Mannheim.

Der größte Verlust der Stadt war die Abwanderung der BASF nach Friesenheim.

Durch die Paradise Papers wurde 2017 bekannt, dass die Steuerermittler nur zehn der 50 Briefkastenfirmen und Stiftungen der Familie Engelhorn kannten. Der geschätzte Verlust für den Fiskus beträgt rund 300 Millionen Euro. Dafür kann man fast 900 000 Mal im hauseigenen Zwei-Sterne-Lokal Opus V das 8-Gänge-Menü mit Getränkebegleitung für 337 Euro bestellen.

Die Engelhorns gründeten die BASF, Boehringer und Engelhorn & Sturm.

2908 Menschen liken den Paradeplatz auf Google Maps, und er rangiert damit an Platz 1 der geliketesten Paradeplätze in Deutschland.

Konstanz, Göttingen und Mannheim haben gemeinsam, dass es dort ein Luftlinienticket gibt.

Luis Lingg wurde 1864 in Mannheim oder Schwetzingen geboren. Er verlor seine Arbeit als 13-Jähriger, entfloh dem Militärdienst und landete in Chicago, wo er Redakteur von »The Anarchist« wurde. Bei einer Kundgebung detonierte eine Bombe, und man schob Lingg die Schuld in die Schuhe. In Chicago hängt eine Gedenktafel, in Mannheim nicht.

Ein Fangesang der Adler lautet auf die Melodie von Polonäse Blankenese: »Wir ziehen los mit Messern und mit Ketten, und wir machen aus den Haien Fischbuletten, das hebt die Stimmung, ja da kommt Freude auf.«

Das Mandolinenorchester Mandolinata 1920 freute sich, dass sich im Jubiläumsjahr »die baden-württembergische Zupferszene in Mannheim trifft«.

Von der Ausschreibung des Bauprojekts Wasserturm bis zum Baubeginn vergingen 31 Jahre, weil der Sieger-Architekt nach Berlin zog.

CDU-Popsternchen Nikolas Löbel durfte 2012 den Bundespräsidenten (Gauck) mitwählen.

Die noble Viking River Cruise hält nicht in Mannheim, sondern in Speyer, wenngleich der dortige Wasserturm lächerliche 36 Meter hoch ist.

Im Café Klokke in der Mittelstraße 19 bezahlt der Gast nach Zeit, nicht nach Menge. Die erste Stunde kostet 5 Euro, die zweite 3. Wer dort den Tag verbringt, zahlt eine Pauschale von 15 Euro.

Der beste Spieler in der Snooker World Mannheim ist Austin Moles – der Inhaber.

Wikipedia listet unter den deutschen Metalbands 5 aus Mannheim auf: Beyond the Black, Black Shape of Nexus, Cypecore, Lamera und Nyctophobic. Cypecore veröffentlichte vier Konzeptalben, die allesamt von einer Zeit nach dem 3. Weltkrieg im 22. Jahrhundert erzählen.

Der Begriff Waldhof-Buben stammt aus dem Jahr 1940.

Im Dalberghaus kann man Ukulelen leihen.

Den Straßennamen Entenstrich gibt es auf der ganzen Welt nur einmal: in Mannheim-Alteichwald.

Werner Pfitzenmeier hat sich als Kind aus Fahrradschläuchen und Federn einen Expander gebaut. In der Tat hat er bis heute seine Firma kräftig ausgedehnt.

Der VfR Mannheim hatte 1949 beim Spiel gegen Borussia Dortmund in Stuttgart 90 000 Zuschauer.

Der Mannheimer Hockeyclub spielte zeitweise dort, wo heute das Nationaltheater steht. Heute ist es der einzige deutsche Hockeyverein mit einer Traglufthalle.

Die meisten Stadtteilzeitungen werden von einer Mediengruppe namens SOS herausgegeben.

Der Architekt Carlfried Mutschler riss im Stadthaus eigenhändig Plakate von den Säulen, denn zu seinem Konzept gehörte es, dass man das Baumaterial sieht, ob Stahl oder Beton.

Ein Mannheimer Kammerjäger bekämpft Bettwanzen, vergrämt Marder und vertreibt Siebenschläfer.

Direkt neben dem Wasserturm liegt eine Gemeinschaftspraxis von Neurologen, Nervenheilkundlern und Psychiatern.

Der älteste Baseballverein in Deutschland sind die Mannheim Tornados – gegründet 1975. Sie sind sowohl Rekordmeister im Baseball als auch im Softball.

Nikolas Löbel hat Wirtschaft und Recht studiert. Was er vergessen haben muss, als er ohne Rückfrage bei der Brauerei vor einem Sixpack Eichbaum posierte, um für seine Bundestagskandidatur zu werben. Die Brauerei untersagte es ihm, weil sie politisch neutral bleiben wollte.

Die Karlsterner Hexenzunft sind Fasnachter aus Gartenstadt, die in der alemannischen Tradition feiern. Hingegen begehen die Neckarauer Hexen vor allem Altweiberfastnacht, aber in der rheinischen Form.

Filmproduzent Nico Hofmann ging in Mannheim zur Schule. Notendurchschnitt 2,6.

Die häufigste Frage, die an das Gerinnungszentrum Mannheim gestellt wird, ist, ob man vor der Blutentnahme frühstücken darf. Die Antwort lautet »Ja«.

In Mannheim gibt es fünf Restaurants mit Michelinstern, also eines für je 60 000 Mannheimer. In Berlin gibt es nur eines pro 160 000 Einwohner.

Die Straßennamen in Franklin sind nach US-Präsidenten benannt, ausgenommen Robert Funari, ein amerikanischer Kriegsheld. Die ehemaligen »Streets« heißen heute alle »Straße«.

Jeder private Sandhofer Haushalt besitzt im Durchschnitt 0,99 PKW.

Das meistverkaufte Mannheim-T-Shirt im Souvenirladen in der Kunststraße zeigt Fotos von Schloss, Wasser- und Fernmeldeturm und kostet 15 Euro.

Eine Wirtschaftsberatungsfirma in den Quadraten heißt A.S.I.

Kaum jemand weiß noch, dass die in den 1960er-Jahren aktiven »The Karstadt-Beatles« aus Mannheim kamen. Ihr Sänger Klaus trug den Spitznamen Affendaddy.

Die Neckaruferbebauung hat von oben die Form eines seitlich liegenden Seifenspenders.

Im Luisenpark gibt es bis zu 44 Weißstorchnester. In manchen Jahren stellt Mannheim Rekorde auf.

Die Lanz-Kapelle wurde von einer Bürgergemeinschaft 1998 ab- und drei Jahre später an anderer Stelle wieder aufgebaut. Die Kapelle kostet pro Stunde 95 Euro Miete.

Julia Lanz war eine geborene Faul.

In der Baumhainhalle wurden jahrelang regelmäßig Puppenstuben ausgestellt. Auf 70 Aussteller kamen rund 700 Besucher.

Eine Reinigung in der Oststadt wirbt mit »Sauber Kurt« und »Schonend Kurt«.

Von der Universitätsklinik fährt man über die Röntgenstraße und die Straße »Am Friedhof« zum Hauptfriedhof in zwei Minuten, eine Strecke von einem Kilometer.

Die erfolgreichste Old School Metal Band aus Mannheim waren Hunter, die immerhin zwei LPs aufnahmen.

Der Paradeplatz hieß früher Alarmplatz, und die Bürger mussten sich im Alarmfall dort versammeln. Man möchte sich ungern vorstellen, was im Alarmfall heute wirklich passieren würde.

In Mannheim gibt es mehr Inder als Ukrainer.

Zu den 300 000 lebenden Mannheimern kommen noch 70 000 begrabene dazu.

Kreislaufprobleme sind in Mannheim die häufigste Todesursache.

Binnen 83 Jahren wurde die Festung Friedrichsburg gebaut, zerstört, wieder aufgebaut und wieder zerstört.

Im Landesmuseum wurde 1997 erstmals in Europa Leichenkunst gezeigt.

Den ethischen Zwist um die Körperwelten-Ausstellung versucht die Stadt Mannheim mit dem Hinweis zu schlichten, bei den gezeigten Exponaten handele es sich nicht um »Leichen im Sinne des Gesetzes«.

2017 fehlte im Luisenpark ein Pinguin. Da er weder fliegen noch die Barrieren überwinden konnte, muss er gestohlen worden sein. Falls Sie ihn finden, können Sie ihn an der Flügelnummer 53 eindeutig identifizieren.

Die Firma Fuchs Petrolub produziert rund zehntausend verschiedene Schmierstoffe. Sicherheitshalber weisen die Firmenchefs den Aktionären gegenüber auf ihren Kampf gegen Korruption hin. Manche Maschinenöle sind zwecks Lebensmittelproduktion auch halal oder koscher. Das Thema vertiefen kann man in einem blitzsauberen Werbefilm des SWR für die Firma.

Das Schloss war auf einem Notgeldschein über 5 000 000 Mark abgebildet.

Erst wurde die Hauptpost am Bahnhof zur Anlaufstelle für Flüchtlinge, 2016 begann man schließlich, das Gebäude abzureißen. Das Bauunternehmen Diringer und Scheidel fabulierte etwas von »Postareal am Hauptbahnhof«. Der nun eingeführte Begriff Keplerquartier wirkt doch griffiger. Seminostalgisch hat man die Bar im Hilton Garden Inn »Mister Postman Bar & Grill« genannt. Sie müsste eigentlich korrekt »Herr Oberpostrat Bier & Broodwoschd« heißen.

Auf dem Plakat zur hundertjährigen Aufführung von »Die Räuber« 1882 werden 15 Schauspieler genannt, ergänzt durch den Hinweis »Krank: Fräulein Berger«.

Das Wasserturm-Hotel liegt nicht am Wasserturm, sondern je nach Route 750 Meter bis einen Kilometer entfernt.

Ein Straßenbahnkontrolleur erwischt in Mannheim täglich zwischen 1 und 20 Schwarzfahrer.

Neben der Informationsstelle für Verbraucher, Haushalt und Familie liegt eine Maßschneiderei.

Christine Zehnbauers Nachbar »Der Wichser« hieß Ellenberger.

1827 bastelte Karl Drais eine Schnellschreibmaschine für einen Teil des Alphabets. Die amerikanischen Draiswerke produzieren heute Misch- und Schleifmaschinen.

Der ältestgediente Metal-Redakteur aus Mannheim, Chris Glaub, tätig beim Magazin »Break Out«, arbeitete früher beim WOM (World of Music) in O6, trinkt heute noch Fleisch und raucht Bier.

Von Bauhaus-Gründer Heinz Georg Baus existiert kein einziges Foto. Derselbe Mann gründete auch die Marke Duscholux, ehemaliger Trikotsponsor des SV Waldhof.

17 Jahre lang war ein Waldhöfer Chef der Deutschen Kommunistischen Partei. Herbert Mies starb 2017. Sein Schwager war Sekretär des Staatsrats der DDR.

Das Mannheimer Kneipen-Quartett mit 32 Karten kostet 12 Euro, und wenn man die vorschriftsmäßige Menge trinkt, spart man 181 Euro. Im Kneipenquartett sind unter anderem Erster Anstich, Sperrstunde und Thekenlänge angegeben.

Boehringer ist weltweit der zweitgrößte Hersteller von Diagnostika, also Pharmaprodukten, die der Erkennung von Krankheiten dienen.

Eines der kleinsten Mannheimer Denkmäler ist der Trümmerfrauengedenkstein auf dem Schillerplatz in B3.

Die Job-Suchmaschine »indeed« findet drei offene Bürgermeisterstellen in Mannheim.

Seit 1999 gibt es ESPE, das Erste Seckenheimer Pop Ensemble. Bislang existiert noch kein Zweites.

Das Binokel hatte als einziges Café zeitweise einen Nichtraucherbereich im Freien.

1987 traten Die Toten Hosen im Kulturhaus Käfertal auf.

Der Weihnachtsmarkt fand ursprünglich auf dem Paradeplatz statt, dann nacheinander auf den Planken, dem Toulonplatz, dem Alten Meßplatz, im Rosengarten, wieder auf dem Paradeplatz und schließlich seit 1978 auf dem Friedrichsplatz.

Alle fünf Mannheimer Pilzsachverständigen sind Männer. Einer von ihnen wohnt in der Moosgasse.

144 Quadratkilometer misst die Stadt. 144 Hektar misst die City. 144 Quadrate gibt es.

Der südostrussische Golf der Geduld liegt auf dem gleichen Breitengrad wie Mannheim.

Bülent Ceylan ist Schirmherr von Radio Rumms.

Auf dem Maimarkt gibt es veganen Flüssigdünger.

Von 1975 bis 1978 hieß der zweiterfolgreichste Mannheimer Fußballverein SV Chio Waldhof Mannheim. Der Chio-Chips-Schriftzug war auch in das Vereinswappen eingearbeitet.

Das Mannheimer Schloss ist kleiner als Versailles.

Der Nordpol ist nur rund 4500 Kilometer von Mannheim entfernt, ist also 1000 Kilometer näher als der Äquator. Dennoch behauptet der Google Routenplaner, er könne die Fahrradroute zum Nordpol nicht berechnen.

Einer der Autoren in der Universitätsbibliothek ist ein gewisser »Karl Pfalz, Kurfürst«, dessen Hauptwerk den sperrigen Titel trägt: »Privilegien den Inwohnern in der Vestung Friederichsburg zu Mannheim in der Churpfalz gelegen, ertheilt im Jahre 1663.« Und das mit fünf Schreibfehlern.

Die Innenstadt liegt umgangssprachlich »drinne«, die Vororte »drauße«.

Den Begriff Botschafter überlässt die Stadt Mannheim dem Staat, wie sich's gehört. Dennoch verfügt sie über einen De-facto-Botschafter, man könnte auch PR-Mann oder Werbefuzzi sagen. Im offiziellen Sprachgebrauch heißt er »Leiter der Kontaktstelle zur Landesregierung der Stadt Mannheim«. Jochen Schönmann muss also ganz korrekt mit Herr LdKzLdSM angesprochen werden.

1929 Medien zum Thema »Mannheim« gibt es in der Stadtbibliothek.

Die Gemeinderäte dürfen in den Sitzungen keine Firmenlabels tragen, die die Würde des Gemeinderats beeinträchtigen.

Der Bau der ersten Neckarbrücke in Mannheim wurde durch eine Maut für Auswärtige finanziert.

Die Mündungshöhe des Neckars liegt 88 Meter über Normalnull.

Im Bellenkrappen, einem Seitenarm des Rheins, liegt im Naturschutzgebiet Reißinsel die unbewohnte Kuckucksinsel. In Google Maps gibt es genau eine Rezension. Und dieser Rezensent vergibt die Höchstnote. Nix wie hin!

Die größte Altersgruppe von Müttern Mannheimer Babys ist zwischen 30 und 35.

Der Mannheimer Hauptbahnhof hat für Passagiere kein Gleis 6. Es wird als Durchfahrt- bzw. Rangiergleis genutzt.

Warum sitzt die Stelle für Kfz-Zulassungen am Gerd-Dehof-Platz? Die Straße Gerd-Dehof-Platz ist gar kein Platz, sondern ein Viertelkreis. Und Gerd Dehof hat fünf öffentliche Skulpturen geschaffen, die in Mannheim stehen, unter anderem den Blumepeter und den Sackträger im Jungbusch. Aber was hat das mit Autos zu tun? Weil alles in Mannheim mit Autos zu tun hat!

Lokalhistoriker sind ein eigenes Völkchen. Jene aus Käfertal haben herausgefunden, dass im 18. Jahrhundert von Johann Lemaistre der Anbau von medizinischem Rhabarber eingeführt wurde.

Als Kreuznach noch kein Bad war, gab es dort eine »Rue de Mannheim«.

In Google Street View sieht man heute noch, dass Bauhaus in Q7 mit dem Slogan »Wo bessere Produkte weniger kosten« warb.

Die Benjamin-Franklin-Village war die größte amerikanische Siedlung auf deutschem Boden.

In den Lauergärten lauert niemand.

Eine CD des Jazz-Pianisten Wolfgang Lauth, die beim Label Bear Family Records erschien, heißt »Lauther«. Der Titel des Nachfolgers ist »Noch Lauther«.

Die Firma »Chopin Tourist« bietet in D6,9 Kabarett in polnischer Sprache an.

Wer auf Amazon.de eine »Wolfsangel« kaufen möchte, bekommt allerlei tümelnde Produkte, rechte Symbole und Frakturschrift, zum Beispiel »eine nordisch-germanische Halskette mit Wolfskreuz« oder das Buch »Der Wehrwolf« (sic).

Eines der fünf seltenen Zentren für Marma-Yoga liegt in Mannheim. Frei übersetzt geht es hier um Energiepunkte.

Die Mannheimer Polizei verbietet Rauchen und Trinken an den Straßenbahnhaltestellenunterständen. Unter Strafandrohung!

Gemäß einer Verlautbarung der Landesanstalt für Umwelt umfassten »die Sandgebiete zwischen Mannheim und Sandhausen ... die wichtigsten Binnendünen und Flugsandfelder zwischen der Stadt Mannheim und der Gemeinde Sandhausen«.

246 Kilogramm Müll produzierte jeder Mannheimer im Kalenderjahr 2017 und belegte damit unangefochten Platz 1 in Baden-Württemberg.

Die ehemaligen Motorenwerke Mannheim heißen seit 2011 Raupenkraftlösungen (Caterpillar Energy Solutions).

Alle Bewohner Mannheims zusammengenommen wiegen 23 876 Tonnen. Um sie alle gleichzeitig zu befördern, bräuchte man 3475 topmoderne E-Busse von Mercedes.

Der größte Teil der amerikanischen Gebäude in Franklin entsprach nicht deutschem Baurecht.

MA = stop and go! Das Mannheimer Straßenbahnsignal »M« bedeutet, dass die Bahn auf dem Magnet der Anforderungsschleife steht. Das »A« für Anforderung erscheint teilweise im selben Fenster.

Stefanie Huber und Andreas Starker haben drei Jahre gebraucht, um von Mannheim nach Mannheim zu radeln. Sie wählten den Umweg über 37 Länder und 50 000 Straßenkilometer.

LUB ist die erste Unternehmensberatung in Deutschland, die gleichermaßen die Sprache wie die Zahlen einer Firma untersucht. Auch wenn es anders scheint, sagt die Geschäftsführerin Simone Burel, bestehen achtzig Prozent aller Unternehmensdaten aus Worten – und nicht aus Zahlen. Zu den Kunden zählen zum Beispiel BASF, EnBW, Inter-Versicherungen und die Uni Heidelberg.

Die Mannheimer Schwebebahn in den 1970er-Jahren war die erste in Baden-Württemberg.

Kin Ping Meh war die erste Mannheimer Rockband, die über die Stadtgrenzen hinaus bekannt wurde. Der Bandname bedeutet in etwa Goldene Pflaumenvase und bezieht sich auf einen chinesischen erotischen Roman aus dem 16. Jahrhundert. Kin Ping Mehs Debütalbum wurde von Conny Plank produziert und die Schallplatte – anderes gab es noch nicht, höchstens Tonbänder – kostet heute rund 200 Euro.

Die unsportlich sitzende Blumepeterstatue blickt auf den Eingang von »engelhorn sports« in N6.

Am Paradeplatz standen sechzig Jahre lang Springbrunnen, aus denen kein Wasser kam.

Die Trinitatiskirche ist seit 2017 ein Tanzhaus mit dem Namen Eintanzhaus.

Im Café Luni in der Seckenheimer Straße 34a kann man Möbel bauen, Kerzen gießen, malen und Kaffee trinken.

Den Jungbusch gibt es schon seit 1870. Den Altbusch gibt es immer noch nicht.

Die Firma Telefunken Decca glaubte 1967, mit der Beat-Band »Joy and the Hit Kids« werde ein neuer Beat geboren: »Der Mannheim Sound«.

Die Bauhausfiliale in Neuss-Allerheiligen ist der erste deutsche Drive-in-Baumarkt. Man kann direkt mit dem Auto hineinfahren und den Kofferraum vollladen.

In N7 kann man zertifizierte Conan-der-Barbar-Schwerter kaufen.

In Mannheim leben mindestens 30 000 funktionale Analphabeten.

Karl Drais startete seine erste Testfahrt mit dem Laufrad auf der Rheinau. Vermutlich war ihm der Verkehr in der Innenstadt zu heftig.

In einem Mannheimer Durchschnittshaushalt wohnen zwei Personen. Vor fünfzig Jahren waren es zweieinhalb.

Auf dem Mannheimer Flughafen dürfen keine Airbusse landen. Dafür müsste die Piste 334 Meter länger sein.

Verzweifelt gesucht: die Vororte Hermsheim, Ostheim und Eichwald.

In der Mannheimer Straße in Schwetzingen steht das »Lügnerhaus«. Der Hausbesitzer hat die rote Schrift selbst aufgesprüht, weil er sich vom Bauamt ungerecht behandelt fühlte.

Das Seckenheimer Aufzugmuseum verfügt über 700 Archivalien.

Amazon listet 320 Produkte zu Bülent Ceylan, zu Xavier Naidoo über 1000. Die genaue Zahl kennt Amazon selber nicht.

1958 stand im Ufa-Palast Soldat Elvis auf der gleichen Bühne wie Musiker Bill Haley.

Square City heißt nicht etwa Quadratestadt auf Englisch, sondern ist eine Antwerpener Personalfirma.

Das Goethe-Institut befindet sich in der Oskar-Meixner-Straße. Herr Meixner war u. a. Dozent für Strömungsmaschinen und trug das Bundesverdienstkreuz.

Das größte Mannheimer Sparschwein besteht aus Plastik, ist 1,20 Meter hoch, 2 Meter lang und wiegt unter 10 Kilogramm. Es steht in der Zentrale der Sparkasse in D1 und darf nicht ohne besondere Genehmigung fotografiert werden. Es ist rot.

Die Stadtteilzeitung des Herzogenried heißt Herzog. In Feudenheim heißt sie aber nicht Feuden.

Auf dem Gelände der Spinelli-Kaserne wurde nicht kein Asbest gefunden.

Die Neugestaltung des Seppl-Herberger-Stadions am Alsenweg 2014 wurde von Fans organisiert, finanziert und durchgeführt. Für 15 000 Euro wurde die Frontseite mit den Wappen der Stadt und des Vereins bemalt. Der Song im Making-of-Video heißt »Silence is sexy«.

Der Grundriss der Rheinauer Versöhnungskirche ist zehneckig.

Im Rhein darf gebadet werden. Außer am Mannheimer Strandbad.

Von der Mannheimer Straße in Ludwigshafen sind es 7,2 Kilometer bis zum Mannheimer Hauptbahnhof. Umgekehrt liegt die Ludwigshafener Straße in Mannheim nur 6,3 Kilometer vom Ludwigshafener Hauptbahnhof entfernt. Mannheim ist also toleranter.

Der Wochenmarkt vor dem Hauptbahnhof ist mit fünf Ständen der kleinste der Stadt.

Die Universitätsbibliothek hat die offizielle Postadresse Schneckenhof Schloss, 68131 Mannheim.

Eine in der Sport-Sommerpause zufällig ausgewählte Ausgabe der Bild-Zeitung Rhein Neckar enthält genau einen Artikel über Mannheim, in der Größe von 4x10 cm. Es geht um den Verbleib des Waldhof-Kapitäns.

Das »Vogelstang-Echo« ist die älteste Mannheimer Stadtteilzeitung. Heute werden etwa 6500 Exemplare monatlich gedruckt und verteilt.

9 User von Google-Maps haben den Kondom- und Zigarettenautomaten in der Ackerstraße bewertet. Durchschnitt 4,4 von 5. Der Automat ist 24 Stunden geöffnet.

Die Johanniter der Vogelstang halten den Mannheimer Rekord im Reanimieren. Zur typischen Musik »Stayin' Alive« der Bee Gees nahmen gleichzeitig 66 ReanimiererInnen teil.

Mannheim ist konkurrenzlos die zweitgrößte Stadt am Neckar.

Google-Maps zeigt unter dem Suchbegriff »Neckarstadt-West«: die Neckaruferbebauung und den Collini-Steg.

In der Salzachstraße auf der Rheinau liegt ein Werk der BASF mit Namen R64. Es ist mittels Düker – einer unterirdischen Rohrleitung – mit Ludwigshafen verbunden.

Schiller erkrankte 1783 in Mannheim an Malaria.

Ein ehemaliger Kartograf der Abteilung IV, Geoinformation und Vermessung ist heute Künstler in Worpswede. Einige seiner Bilder hängen heute noch in der Stadtverwaltung.

Auf der ganzen bekannten Welt gibt es nur eine einzige Haltestelle mit dem Namen »Faltkistenwerk«. Sie liegt ebenso auf der Rheinau wie die Firma. Wenn wir weiter so viele Waren in Kartons bestellen, dürfte es den Herstellern von Wellpappe und Pappkartons weiterhin prächtig gehen.

Die Trauringe »Mannheim« aus 585er Gelbgold für rund 800 Euro im Paarpreis sind auch in Hammermatt erhältlich.

Der Mannheimer Fastnachtsumzug 2019 fand unter dem griffigen Motto »Mir halte mit'm Umzug de Planke die Treue. Zuletscht uff de alde und jetzt uff de neie« statt. Der erste Fastnachtsumzug überhaupt fand 1839 statt. Am Hofe aber wurde bereits Ende des 17. Jahrhunderts gefeiert, trotz der Zerstörungen durch die Franzosen.

Die größte Norwegerparty Deutschlands findet alljährlich seit 1969 an der Universität Mannheim statt. Hintergrund ist die verhältnismäßig große Anzahl norwegischer Studenten, die seit 1969 hier Betriebswirtschaft studieren. Es gibt auch Aquavit zu trinken.

Die Sunlicht-Seifenfabrik wurde 1899 in Mannheim gegründet. Heute werden hier noch Dove-Seifenstücke hergestellt. Der Konzern Unilever verkaufte die Bereiche Flora, Becel und Rama an das Konsortium KKR.

Bekanntlich wurde Mannheim in einem Buch in Hessen 766 erstmals erwähnt. Allerdings vergingen über 500 Jahre, bis zum ersten Mal von einem Pfarrer in Mannheim die Rede war – 1309.

Im Niederfeld sterben die Menschen im Schnitt mit 82 Jahren, in der Neckarstadt-West mit nur 69.

Die Fressgasse hieß früher Pfälzer Straße.

Die Website der »Narrebloos Prinz Max« wird von Google als »nicht sicher« eingestuft. Derselbe Prinz Max baute gleich zwei (2!) Gebäude in Kirschgartshausen.

WSF steht allgemein für Waschen, Schneiden, Föhnen, nicht jedoch bei der Schreibbedarfsfirma in N7, die in ihrer Werbung für »Schönschreiben im Quadrat« plädiert.

Außerhalb von Abos verkauft der Mannheimer Morgen 3500 gedruckte Exemplare – an gut 1 Prozent der Bevölkerung.

Camryn Manheim (sic) ist eine amerikanische Serienschauspielerin, die 1991 in »Law & Order« begann und nach wie vor aktiv ist. Sie hat einen Emmy und einen Golden Globe gewonnen. Vor ihrer Schauspielkarriere war Manheim Gebärdendolmetscherin.

Radio Regenbogen ist bis in die Schweiz und in Frankreich empfangbar.

In Pfingstberg logiert seit 1982 der Mannheimer Shanty-Chor. Die Rheinauer Seebären hingegen gibt es erst seit 1995.

Schiller war für seine Zeit mit 1,80 Meter überdurchschnittlich groß.

Der Wasserturm fasste 2000 Kubikmeter Wasser.

Die größte Altersgruppe der Stadt sind die 20- bis 30-Jährigen.

Jede Sekunde fließen 145 Liter Neckarwasser durch Mannheim, das entspricht fast 15 Kästen Eichbaum Pils.

Die Berliner Schauspielerin Lucie Mannheim spielte in 7 Stummfilmen und 28 Tonfilmen, zum Beispiel in Hitchcocks »39 Stufen« und mit Heinz Rühmann in »Der eiserne Gustav«. Im Theater spielte sie Shakespeare, Kleist und Co. 1959 verlieh man ihr das Große Bundesverdienstkreuz. Lucie Mannheim war nicht mit Herbert Lucy verwandt, dem späteren Oberbürgermeister.

Die erfolgreichste Absolventin der Popakademie ist die irische Deutsch-Kanadierin Alice Merton, deren Hit »No Roots« 1,4 Millionen Mal verkauft wurde. In Youtube steht der Song bei über 200 Millionen Aufrufen.

Die Luxemburger Domain mannheim.lux gehört dem Zahnarzt Thomas Lux auf dem Waldhof.

Jährlich wird vier Wochen lang die Karlsternstraße gesperrt – wegen Erdkrötenwanderungen.

In Mannheim und Heidelberg leben laut amtlicher Schätzung etwa 3000 Halsbandsittiche. Rund ein Dutzend amerikanische Schmuckschildkröten wohnen an den Vogelstangseen.

Der Trix-E-Lok-Werkstattanbau »Mannheim« für Modelleisenbahner kostet 53,99 Euro.

In der Mallau leben drei Personen mit Zweitwohnsitz.

Statistisch produziert die Schokinag jährlich 300 Kilo Schokolade pro Mannheimer.

Auf dem Tierfriedhof Neckarau ist das Mitbringen von lebenden Tieren verboten, mit Ausnahme von Hunden. Wie mit die Anlage widerrechtlich überfliegenden Vögeln und Insekten zu verfahren ist, geht aus der Friedhofsordnung nicht hervor.

Der Pächter eines Tiergrabes ist für die ordnungsgemäße Anbringung des Grabschmuckes verantwortlich.

Über dem Geldautomaten im Hauptbahnhof steht in Großbuchstaben an der Wand »BOMBARDIER«.

Das größte Mannheimer Postleitzahlgebiet ist 68307 (Sandhofen), das kleinste 68161: das Collini-Center.

Den Wikipedia-Eintrag zu Käfertal gibt es nur auf Deutsch.

Die Friesenheimer Insel ist der Stadtteil mit dem höchsten Afrikaneranteil: 23,5 Prozent.

Der Kreuznacher impressionistische Maler Jean Mannheim lernte sein Kunsthandwerk in Paris, durchwanderte Deutschland, emigrierte in die USA, unterrichtete in Denver, Chicago und später in London und verstarb 1945 in Pasadena. Nur ob er jemals in Mannheim war, ist nicht bekannt.

Die Luxus-Lampenfirma Ebolicht bietet die Wandleuchte Mannheim I für 400 Euro an, die Hängeleuchte Mannheim IV für 1400 Euro – beide im Retro-Industrial-Stil.

Gondolettas gibt es nur an vier Orten auf der Welt, einer davon ist Mannheim.

Über das Mannheimer Stadtgebiet verteilt stehen 36 Denkmäler. Zu Ehren von Carl Benz klebt eine zweidimensionale Motorkutsche in T6, und zwei weitere Denkmäler stehen in der Augustaanlage.

Sämtliche konkreten Personen, denen Denkmäler gewidmet sind, leben nicht mehr.

Die Kurt-Schumacher-Brücke war die erste Schrägseilbrücke der Welt, die mit Paralleldrahtbündeln gebaut wurde. Was immer das bedeutet. Der Collinisteg ist die einzige Schrägseilbrücke, die sich gänzlich auf Mannheimer Gemarkung befindet.

Beim Mannheimer Bierfest in den Kapuzinerplanken gibt es rund 200 Biere und bierartige Getränke zu verkosten. Das erste Mal fand es im Jahr 2017 statt. Beim Gewinnspiel wird ein VIP gekürt, ein Very Important Biertaster.

1870 produzierte die Firma Hutchinson täglich 8000 Paar Gummistiefel.

Wer sich genau einen Kilometer vom Wasserturm wegbewegt, kommt im Süden zur Glücksteinallee, im Westen zum Carl-Philipp-Platz, im Norden zur Neckaruferbebauung und im Osten zum Zwergenspielplatz im Luisenpark.

Die Vereinshymne des SVW heißt »Blau und Schwarz«. Die Stadt selbst hat keine Hymne, inoffiziell und gefühlt nur »Der Jäger aus Kurpfalz«. Das Badnerlied hat mit Mannheim nichts zu tun, das Lied der Württemberger erst recht nicht.

Das Maritim-Hotel liegt nicht am Meer.

Die städtische Statistik unterscheidet heute noch zwischen westlicher und östlicher Oberstadt und Unterstadt.

Von 2017 bis 2020 gab es ein gedrucktes lokales Telefonbuch nur für den Gesundheitssektor.

An einigen Abenden im Frühling offeriert der NABU eine »Verhörung von Erdkröte, Grasfrosch und weiteren Amphibien«.

Die längste Lücke im Fahrplan des Hauptbahnhofs klafft nachts zwischen 2.16 Uhr und 3.28 Uhr: Da muss man sich entscheiden, ob man nach Kiel oder München fahren möchte.

Im Studentenslang heißt die Popakademie »Poppe«.

Am Karlstern leben Büffel.

Der Fernmeldeturm überragt alles: Mit seinen 217 Metern ist er höher als die nächsthöheren fünf Gebäude, die allesamt Kamine sind.

In Mannheim leben rund 90 Schaltjahrkinder.

Der ICE Mannheim gehört vorwiegend zur Baureihe 406 und fährt meistens in die Beneluxländer und nach Frankreich.

In Mannheim gibt es drei Badeseen.

Eine mögliche Städtefusion von Mannheim und Ludwigshafen wird auf Wikipedia unter der Rubrik »Gedankenexperimente« an erster Stelle geführt.

Im Mai 2020 war Mannheim die erste deutsche Stadt, die eine Corona-Warn-App nutzte. Sie kam von dem Verein Quarano. Ein Partner von Quarano ist die Agentur »Schach zu dritt«.

Die »Hauptstadt Mannheim in Baden« gab 1922 Schuldscheine heraus, die mit 6 Prozent verzinst wurden plus 2 Prozent Aufgeld. Darauf hält der badische Wappen-Adler das wesentlich kleinere Mannheimer Wappen in den Klauen.

Die letzte Mannheimer Hinrichtung fand durch die Nazis statt, als die Polizei in den Lauergärten drei Männer erschoss, die auf dem Kaufhaus in N7 die weiße Fahne gehisst hatten.

Nachdem es beim 1. Lacrosse-Verein Mannheim nicht ganz rund lief, gibt es die Lacrosse-Abteilung bei der SpVgg Sandhofen 03, die sich wohl inzwischen dem VfR Mannheim angeschlossen hat. Aber nichts Genaues weiß man nicht.

Der Kaviarhersteller Kasperskian hat Insolvenz angemeldet – obwohl das Restaurant Opus V die Fischpatenschaft für den Stör »Miso« übernommen hat.

1874 wurde die Hartgummiwarenfabrik zur Herstellung von Hartgummikämmen und Schmuckgegenständen gegründet.

Die Stadt Mannheim hat die Mannheim Green City Band gegründet, um für den Nahverkehr zu werben. Leider hat die Stadt sich selbst keine Erlaubnis für einen Auftritt vor dem Bahnhof erteilt.

Die beste Mannheimer Pit-Pat-Anlage steht am Karlstern. Pit-Pat ist eine Mischung aus Minigolf und Billard.

Die Dreifaltigkeitskirche steht zwar in Sandhofen, der Kirchturm aber gehört zu Mannheim, das Kirchenschiff zu Schönau. Sie wurde erstmals 764 erwähnt, damals allerdings zum Scharhof gehörig.

Schwimmen wird im Rhein nicht empfohlen, nicht wegen chemischer Stoffe, sondern aufgrund der Keimbelastung. Die Messstelle befindet sich in Worms, in Mannheim gibt es keine.

Das erste Mannheimer Kaufhaus war gleichzeitig Wiegestätte, Lager, Gericht, Theater, Finanzamt, Rathaus, Bezirksbehörde und Knast.

Die Mannheimer Synagoge und die Moschee sind beide nach Südost ausgerichtet.

Andreas Marcello-Ferrara war 2005, 2006 und 2012 deutscher Bodybuildingmeister. Sein Mission-Statement lautet, dass niemand Angst haben müsse, zu viel Muskeln aufzubauen, »wirklich niemand«. Eine halbe Stunde Einzeltraining kostet bei ihm 55 Euro.

Die Forschungsgruppe Wahlen wurde von CDU-nahen Personen bzw. Mitgliedern gegründet, berät seit 1974 vorwiegend das CDU-nahe ZDF und wird auch vom ZDF finanziert. Die Zeit nannte den Wahlforscher Matthias Jung den »Graf Zahl der Politszene«.

Geographisch gesehen ist die Neckarstadt die frühere Insel Untere Mühlau.

Fast ein Prozent aller Mannheimer ist über 90 Jahre alt.

Der gebürtige Mannheimer Julius Hatry baute 1929 die erste Feststoffrakete. Außerdem war er der erste Mannheimer, der einen Segelflugschein erwarb. In der Julius-Hatry-Straße logiert heute die Firma Conias, welche Risiken aktueller Krisenherde berechnet.

Eine Person mit dem glitzernden Namen Prosper L'Orange erhielt 1909 das Patent für eine Dampfturbinenlokomotive.

2006 fusionierten der Verein »Rhein-Neckar-Dreieck« und die »Initiative Zukunft Rhein-Neckar-Dreieck« zur »Zukunft Metropolregion Rhein-Neckar«. Ihr Sitz ist in Mannheim.

Vor dem Museum Weltkulturen in D5 steht ein Scherbenbrunnen mit Gefäßen, Gullideckeln und anderen Bruchstücken, die beim Neubau 1988 im Erdreich gefunden wurden und »an den früheren Bauzustand erinnern« sollen.

Bundesjustizministerin Christine Lambrecht stammt zwar aus Mannheim, hat aber nur hessisches Abitur.

Der drittgrößte Mannheimer Arbeitgeber ist das Klinikum.

Die anteilig meisten Australier/Ozeanier wohnen in Neuhermsheim: 1,1 Prozent.

Der erste Karnevalsprinz der Stadt Mannheim stammte aus dem Verein Feuerio und bekam den Titel »Prinz Heinrich vom FEUERIO«. Bürgerlich hieß er Heinrich Weinrich.

Vor 200 Jahren bekam die durchschnittliche Mannheimerin fünf Kinder.

Der Mainstream-Produzent Nico Hofmann führte Regie beim dritten Ludwigshafen-Tatort (1991). Mannheimer schauen den Odenthal-Tatort nur, um zu kontrollieren, welche Szenen in Wahrheit rechtsrheinisch gedreht wurden.

Wer in Sandhofen zu »Damenmoden Put-Vestiti« möchte, steigt an der Hanfstraße aus und geht durchs Entennest.

Star-Wars-Freunde haben errechnet, dass die R2-D2-Entfernung in den Mannheimer Quadraten 500 Meter beträgt, während gleichzeitig die R2D2-Armbanduhr von Fossil eine Auflage von 500 Stück hat.

1997 war Wallstadt-Nord das größte ökologische Neubaugebiet Deutschlands.

Zwei Tagungsräume der Jugendherberge heißen Zhenjiang und Bydgoszcz.

Axel Müller, der Manager der Blassportgruppe Mannheim, hat in Mannheim Saxofon studiert.

Warum man nicht aus Mannheim rausfährt: Im Kreis Bergstraße fährt der Rufbus 666. So viele Zuschauer passen übrigens auch ins Capitol. Unheimlich …

Für 109 Euro erwirbt man die »Uhrenbox Mannheim« für 12 Armbanduhren.

In Deutschland sind nur zwei Wassertürme in Hotels umgewandelt, sie stehen in Köln und Hamburg.

Im Morsealphabet heißt Mannheim -- .- -. -. .... .. --

Der Taubstummenclub Freundschaft von 1891 und der Taubstummen-Sparverein von 1910 fusionierten 1921 zum Allgemeinen Taubstummen Verein Mannheim. Hört, hört!

Als die Jugendherberge wegen Hochwassers nasse Füße bekam, beantragte sie beim Gemeinderat einen Hochwasserdamm. Man wies die Zuständigen darauf hin, dass der Damm schon existiert – aber eben dahinter.

In Mannheim gibt es keinen Wolkenkratzer, denn nur Wohn-/Bürogebäude mit 150 Metern Höhe gelten als solche, das Collinicenter misst jedoch nur 102 Meter. Würde man jedoch den Wasserturm daraufstellen, würde es reichen.

Der Wasserturm hat keine Hausnummer.

Die Neckarstraße führt zum Neckar. Die Rheinstraße zum Verbindungskanal. Und die Donaustraße ist eine Sackgasse.

Als der Geschäftsführer empört ausrief, »da können wir uns ja gleich Radio Regenbogen nennen«, fanden die meisten Mitarbeiter diesen Spaßvorschlag ernsthaft gut.

Der derzeit erfolgreichste klassische Mannheimer Musiker ist Christian Deuschel, der im Saarländischen Staatsorchester Solotrompete spielt. Spitzname »Vaddi«.

Die Regenbogenfarben von Radio Regenbogen sind falschrum.

In Mannheim werden seit 2007 Stolpersteine auf dem Gehweg verlegt. 99 Stück erinnern an 155 Opfer des Nationalsozialismus.

In der Straßenbahn darf man Handgepäck kostenlos mitnehmen.

Seit 2006 erzeugt die Südzucker-Tochter Crop-Energies Alkohol, der überwiegend als Treibstoff eingesetzt wird.

Das Wappen von Sandhofen zeigt einen Löwen, der am Stock geht.

Der Fastnachtsumzug findet in Mannheim oder Ludwigshafen statt. Der Dämmermarathon findet in Mannheim UND Ludwigshafen statt.

Beim Dämmermarathon kommen auf einen Helfer zehn Läufer.

Die teuerste Karte am RNV-Automaten ist die Monatskarte Preisstufe 7, mit der man bis ins Saarland und nach Franken fahren kann. Sie kostet 209 Euro.

Mannheim liegt in den Nahverkehrsverbundswaben Nummer 74, 84, 94 und 104.

Wer seinen eigenen Brunnen hat, darf täglich höchstens zehn Kubikmeter entnehmen. Ein Brunnen heißt in Mannheim offiziell »Kleinanlage zur Eigenversorgung mit Trinkwasser«.

In Mannheim leben rund 8000 Tauben, sagt Ordnungsdezernent Specht.

Wer in Mannheim Baumpate wird, bekommt eine Kiste mit Stauden zum Auspflanzen auf der Baumscheibe geschenkt.

Das Logo des RNV ist ein rn, das abgehakt ist.

Im Tatort »Vom Himmel hoch« von 2018 soll mitten in Mannheim ein Anschlag verübt werden – auf ein fiktives Hotel »Grand House International« und einen dort wohnenden US-General.

Obwohl der Heidelberger Zoo ein Zoo ist, beherbergt er nur 155 Tierarten, wohingegen es im Luisenpark, der nicht Zoo heißt, 169 Arten gibt.

Im Ersten Weltkrieg starben an der Front 61 Wallstädter, im Zweiten Weltkrieg 114.

Deutschlandweit sprechen sich manche sehr vertraute Menschen mit »Hey, Alter« an, nur in Mannheim und Umland heißt es: »Hey, Langer«. Dieser Umstand dürfte auf die zu Industriearbeiterzeiten besonders auffällige Kleinwüchsigkeit der Mannheimer zurückgehen.

Spaghetti-Eis ist patentgeschützt.

Die Quadratestädter selbst sehen ihre Heimat als Erfinderstadt, Universitätsstadt und Residenzstadt, auswärts wird sie auch »die karierte Stadt« oder »die mit den Blöcken« genannt.

Als Mahnmal für die zerstörten jüdischen Synagogen steht eine Gedenktafel in F3 für F2 und F1.

Die Mannheimer Partnerstadt Klaipeda hat drei weitere deutsche Partnerstädte: Leipzig, Sassnitz und Lübeck.

Die Hauptpersonen der Revue »Was ist in Mannem los?« von 1928 hießen Miss Soda, Mr. Whisky und Frau Bembel.

Am Schiffermast am Stephanienufer wehen an besonderen Tagen 44 Flaggen, 38 Reedereiflaggen, die 5 Staatsflaggen der Anrheinerländer sowie die Mannheimer. Er ist als Gruß gemeint für Binnenschiffer, die ins Stadtgebiet einfahren.

Das Motto der Uni lautet: »Die Wahrheit soll das höchste Gebot in allem sein.« Im Wappen der Uni sind nur 28 Quadrate abgebildet.

Der Mannheimer Philosophieprofessor Bernward Gesang plädiert für verständliche Wissenschaft auch in seinem Sachbuch »Darf ich das oder muss ich sogar?«.

An der Bushaltestelle Gewerkschaftshaus befinden sich drei Friseure nebeneinander. Vielleicht raufen sich Mannheimer Gewerkschafter öfter mal die Haare.

Nacheinander gehörte Mannheim zur Kurpfalz, zu Bayern, Schweden, Baden, dem Deutschen Reich, der amerikanischen Besatzungszone und der BRD.

Vor gut 200 Jahren wurden 100 000 Bücher aus der Mannheimer Hofbibliothek nach München gebracht. Zur gleichen Zeit wurde in Mannheim die Lesegesellschaft »Harmonie« gegründet. Der Gesangverein »Harmonie« entstand allerdings erst 50 Jahre später.

Der erste Mannheimer Buchdrucker war ein Pfälzer: Nikolaus Schramm aus Neustadt an der Weinstraße (1606).

Mannheim-Rheinau hat an einem Treffen von internationalen Orten mit dem Namen »Rheinau« unter Schirmherrschaft des Europäischen Parlaments teilgenommen.

Die Sandhofer Kirchenglocken läuten immer noch um 11 Uhr morgens, weil um diese Zeit früher die Bäuerinnen vom Feld nach Hause mussten, um die Kinder zu füttern.

Auf dem Gebiet der heutigen Vogelstang wohnten schon zur Altsteinzeit Menschen.

An der Rezeption des »Speicher 7« zeigen 14 Uhren die Zeit in verschiedenen Städten. Da alle am Rhein liegen, zeigen alle Uhren dieselbe Zeit.

Die Buchhandlung Löffler geht auf Tobias Löffler zurück, der vermutlich aus Ulm stammte. Löffler war zudem Verleger.

Mannheims Gemeindeschlüssel ist 08222000.

Die »Parisa Mode« in E2 wirkt verräterisch alttürkisch, empfiehlt Kopftücher, ist dafür jedoch sehr erschwinglich. Vielleicht ist sie ja doch nicht aus Paris.

In Q6 befand sich einmal ein Gefängnis, heute kann man dort im FC-Bayern-Fanshop unter anderem Trachtenmode kaufen.

Das Landgericht in A1 ist beim Thema Halbleiter-topografieschutz für ganz Baden-Württemberg zuständig.

Röchling ist die einzige Mannheimer Firma mit drei ö-Punkten.

Das Schloss hat ein Fenster mehr als Versailles.

2006: Mannheim war die erste deutsche Großstadt mit Vogelgrippe. Der toten Wildente wurde bislang kein Denkmal gebaut.

In Mannheim gibt es einen staatlich anerkannten Gebärdensprachdozenten.

1907 wurde der Mannheimer Hockeyclub gegründet. Es dauerte 104 Jahre, bis sie den Europapokal gewannen.

Der Name Suebenheim geht auf die Ansiedlung von Schwaben zurück. Folgerichtig gibt es die Suebenheimer Schwabenstraße.

Die Firma BBC wurde 1988 aufgelöst, Buckel und Brücke heißen gleichwohl noch so.

Im Neckarstadtblog.de gibt es die Rubrik »Klönschnack«. Beide Wörter sind Plattdeutsch und für Mannheimer so vertraut wie Ungarisch.

Laut EU-Badegewässerrichtlinie hat der Neckar eine »ausgezeichnete Qualität«.

Der Flugplatz Mannheim ist 3,5 Kilometer vom Zentrum entfernt. Dies entspricht dem Durchmesser des Asteroiden »(243536) Mannheim«.

Rheinneckardreieck heißt auf Russisch Trëugolnik Rejn-Nekkar.

Die Werbefirma Südpool (sic) gibt ein aufwändiges Werbemagazin unter dem Titel »Lust auf gut« heraus. Der Untertitel »Republic of Culture« wird RoC abgekürzt. Im Mannheimer Dialekt aber ist Graf Rotz eine angeberische Person.

Das Heinz-Hunsinger-Sommerbad am Stollenwörthweiher wird dialektal als »Schdolle« apostrophiert. Tatsächlich war er früher ein Altrheinarm.

Die HK Hörgeräte residiert in der Oberen Riedstraße 42. Bäcker Zorn verkauft in der Mannheimer Straße 42. Die Interessengemeinschaft Käfertaler Vereine hat 42 Vereine als Mitglied. Ein Yogakurs beim Turnverein kostet 42 Euro. Die Antwort auf alle Käfertaler Fragen ist 42.

Das Fertighauscenter hat so viele Interessenten pro Jahr wie Worms Einwohner und ist somit Spitzenreiter in Deutschland. Man kann dort nicht testschlafen.

Die protestantische Mannheimer Umweltaktionsgruppe nennt sich Grüner Gockel. Jede evangelische Kirche, die mitmacht, trägt einen Grüner-Gockel-Aufkleber.

Das keltische Wort »nik« heißt losstürmen, der Neckar ist also ein stürmischer Fluss.

Der örtliche Chaos Computer Club hat sich eine Schrift aus der Atari-Kreidezeit gewählt und natürlich ins Quadrat erhoben: CCC² Mannheim.

Die Nummern der L-Quadrate ergeben zusammen 120.

Die Mannheimer Straße liegt in Käfertal. Die Käfertaler Straße liegt in der Neckarstadt. Aber in Mannheim gibt es keine Neckarstädter Straße.

Vom gottverlassenen Bahnhof MA-Handelshafen fährt zwei Mal am Tag ein Direktzug nach Frankfurt, nachts um zwölf und morgens um halb sechs.

Der höchste gemessene Wasserstand des Rheins bei Mannheim war zur Jahreswende 1882 917 cm. In den letzten Jahren war der Normalwert bei 301 cm. Man gehe ans Rheinufer und stelle sich vor, in vier Meter tiefem Wasser zu stehen.

»Le Monde« hat in einem langen Essay über Fabrikarbeiter aus Syrien die Überschrift gewählt: »Mannheim – Herausforderung Arbeit«

Kater Tom ist in 40 Jahren die achte Stallkatze des Reitervereins Vogelstang Wallstadt. Und darum wurde noch nie ein Gaul von einer Maus attackiert.

Der Mannheimer Einzelhandel verfügt über 632 525 Quadratmeter, also etwa zwei pro Einwohner.

Am 10. Mai 2011 wurde die US-Armee in Mannheim offiziell verabschiedet. Am selben Tag kaufte Microsoft die Firma Skype. Und schon drei Wochen darauf wurde Jörg Kachelmann vom Landgericht freigesprochen.

So ein Zirkus! Der Staatszirkus Busch wurde im Jahr 2000 abgewickelt. Der Mannheimer Zirkus Constanze Busch hat verwandtschaftlich jedoch nichts mit ihm zu tun. Bei Gastspielen des ZCB kann übrigens Pferde- und Kamelmist abgeholt werden.

In seiner Eigenwerbung prahlt der Boule-Club Sandhofen, die erste Boule- und Pétanque-Adresse im Mannheimer Norden zu sein. Kein Wunder, dass der BC Sandhofen 2007 der erste Deutsche Meister der Pétanque-Bundesliga wurde (mit Heidelberg und Viernheim als weiteren Kurpfälzern unter den Top Ten).

Google findet 157 Millionen »Mannheim«-Seiten. Im Vergleich enthalten nur 94 Millionen die Vokabel »Karlsruhe«.

Das Wort Rhein kommt keineswegs von »rein«, sondern von »rinnen«, also »fließen«.

Deutschlands größter Berufsdemonstrant ist Mannheimer: Jochen Stay kämpfte gegen Pershing II, Wackersdorf, Apartheid und Castoren, aber für Nicaragua, Frieden und Wald. Er sagt von sich selbst: »Ich war Atomkraftgegner, bevor ich wusste, warum.«

Seit 2010 gibt es in Mannheim Beer-Pong-Turniere. Dabei muss man einen Pingpongball in einen Bierbecher werfen, und je nachdem muss der Sieger oder Verlierer trinken.

Sie kennen Charles Mannheim nicht? Dabei schrieb er 1903 den bedeutendsten Katalog über französische Tabaks- und Bonbondosen.

Franklin ist bewohnt. In der Bauphase hingen bzw. hängen teilweise statt Straßenschildern Transparente an Zäunen oder Wänden, zum Beispiel »Platz der Freundschaft Tor 1«.

Das erste »Tor des Monats« fiel 1971 gegen den VfR Mannheim. Um die Geschichtsträchtigkeit zu betonen, blieb der Ball einfach im Toreck hängen. Das Farb-Video (!) kann man sich auf der Sportschau-Website noch bis 30.12.2099 ansehen.

Das Straßenbahnnetz ist in Mannheim mehr als dreimal so lange wie in LU.

In der Schneekugel Mannheim prangt der Wasserturm über dem Reichstag und dem Kölner Dom.

Hans-Peter Schwöbel ist der erste Mensch, der bewusst auf Mannheimerisch predigt. Das klingt dann etwa so: »Wie a des viele Volk gsehe hodd, is a uf de Bääg nuffgange un hodd sisch hieghoggd, und sei Jinga sin beigange un hawwe sisch zu em gschdelld.« Un donn wedd gedreeschded, was es Zeisch held.

Etwa 7000 Platanen stehen in Mannheim, von denen alle, die älter als 40 Jahre alt sind, vom Massaria-Pilz befallen sind. Dieser kam erst durch den Hitzesommer 2003 über die Alpen.

Mannheim ist eine ungewöhnlich pilzartenreiche Stadt. Kalkhaltige Sande im Boden begünstigen Pilzwachstum in 800 Arten im Käfertaler und Rheinauer Wald.

Wer »Mannheim« in Mannheim googelt, erhält 132 Millionen Seiten. Wer »Mannheim« am Ende der Welt in Mikronesien googelt, erhält nur 123 Millionen Seiten.

Röchling setzt seine zwei Milliarden Euro teilweise mit Kunststoff um. Die Röchling-Stiftung wiederum arbeitet daran, Kunststoffe aus dem Meer aufzusammeln.

Der Städtename Frauheim existiert nicht. In Kleinmachnow sitzt jedoch eine Frau Heim im Rathaus.

Das entlegenste Stückchen Land, das man von Mannheim aus ansteuern kann, ist die 19 936,82 Kilometer entfernte Adams Island, die zu den neuseeländischen Auckland-Inseln gehört. Bewohnt ist Adams Island nur von Tieren, hat aber einen 700 Meter hohen Berg, den Mount Dick.

In Mannheimer Straßenbahnen sind ganz am Ende Tische angebracht, damit die Pickligen die Füße nicht auf den Sitz legen müssen.

Auf Mannheimer Stadtgebiet finden sich 102 bedrohte Pilzarten.

Seit 2012 findet in der Pfingstbergschule die Konzertreihe »Pfingstberg-Blues« statt. Wieso gerade der Pfingstberg so traurig macht? Fahren Sie mal wieder hin!

Der Bandname »Töchter Mannheims« ist noch zu haben.

Den 2. Preis eroberten die Mallauer Kleingärtner 2013 in Baden-Württemberg. Kein Wunder, heißt doch das Vereinsmotto: »Liebe Gartenfreundinnen und Gartenfreunde, auf geht's!!!«

Die Postleitzahl des Turleyplatzes ist 68167. Dieser Straßenname ist einzigartig auf der Welt. Turley diente übrigens in einer Armeeeinheit namens »Black Panther«.

Der Gartenstädter Popchor heißt »Wir singen Pop«.

Ein neues Stadtviertel soll Turley Home Run heißen: Wenn der Schlagmann alle vier Bases abläuft, heißt das im Baseball Home Run. Was jedoch wenig mit den 200 Wohnungen dort zu tun hat.

Crop-Energies produziert ein Schweine- und Rinder-Futtermittel namens »Proti-Wanze«. Einer der Vorteile für mich als Kunde ist nicht zuletzt die »excellente Schmackhaftigkeit«.

Die Formel »d (a, b) = sum_{i} \left|a_i-b_i\right|« wird Mannheim-Metrik genannt. Einfach gesagt: Wenn man zum Beispiel von A1 nach K5 geht, gibt es eine ganze Reihe kürzester Wege (Einbahnstraße, Fußgängerzonen etc. mal beiseite).

In Spitzenzeiten bildeten 8000 US-Soldaten mitsamt 25 000 Zivilisten ein Zehntel der Mannheimer Bevölkerung. Früher war also einiges schlechter.

Über der Kaiser-Wilhelm-Kaserne wehten vor dem Ersten Weltkrieg die Flaggen von Mannheim und Baden, nicht jedoch die deutsche Reichsflagge.

In der Neckarstadt kann man Mannemer Dreck auch in der dekorativen Mülltonne mit gelbem Deckel kaufen (der eigentlich braun sein müsste).

Der Lachclub Mannheim lacht zwölfmal jährlich im Alten Volksbad in der Mittelstraße, natürlich grundlos. Werbeslogan: Ho Ha Ha Ha Ho Ho Ho Ho Ha Ha.

An der Ecke des Neumarkts liegt eine spanische Taverne mit dem Namen »Portugal«.

Wenn Mannheimer Blinde eine staatliche Schule besuchen möchten, müssen sie den Weg nach Ilvesheim finden.

Der regenreichste Monat in Mannheim ist der Juli.

Bis zur Gebietsreform 1973 gehörten zum Landkreis Mannheim solch schillernde Orte wie Ursenbach, Rippenweier und Oberflockenbach.

Mozart war übrigens Liedermacher. Fanden zumindest die einst ruhmreichen Pillendreher von Boehringer Ende der 1970er-Jahre. Auf einer Doppel-LP für gute Kunden versammelte die Firma Joy Fleming, mal einen Goethetext, Joana und eben Mozart – und die waren alle? »Liedermacher einst und jetzt.«

In Mannheim gibt es 15 Aldi-Filialen.

Die New York Library verzeichnet 2159 Werke zum Stichwort Mannheim. Unter den Top Ten: »Das frühmittelalterliche Gräberfeld am Elkersberg«.

2008 fand der Deutsche Bibiothekartag in Mannheim statt. Zum Rahmenprogramm der versammelten Bibliothekare gehörte »eine ausgiebige Weinprobe (no limit)«. Richtig, denn Lesen und Trinken hält Leib und Seele zusammen.

»The Mannheim Rocket« ist eine abenteuerliche Orchesterkomposition des Amerikaners John Corigliano aus dem Jahre 2000 und dauert 11 Minuten. Der Titel spielt auf Stamitz an.

Dominique Guillemenot-Ehrmantraut hat 2003 über die französischsprachige Kirche in Mannheim in der zweiten Hälfte des 17. Jahrhunderts geschrieben. Auf Deutsch erschien das Werk erst zehn Jahre später.

Die Kriminologen-Abteilung an der Londoner School of Economics ist nach Hermann Mannheim benannt: Mannheim Centre for Criminology. Hier würde man Schönau dazu sagen.

Das Wort Hilfsverein bedeutete ganz Verschiedenes: 1694 gründete jemand eine jüdische Beerdigungsbruderschaft. 1770 folgte eine Brautausstattungsbruderschaft. Dann einen Krankenunterstützungsverein und sogar einen Gevatternschaftsverein – und den kennt noch nicht mal Google!

Der französische Offizier mit dem zirpenden Namen Victor Mayer Amédée Mannheim erfand die Skala für den Rechenschieber, die »heute noch« gültig ist. Die Mutter Mannheims, Marianne, war eine geborene Speyer.

Rotmessing heißt auf Englisch »mannheim gold«.

Die britische Zeitung »Telegraph« listete »deutsche Städte auf, die zu besuchen man niemals vorhatte«. Mannheim belegt Platz 5.

»Gegen Homophobie – überall« steht auf Hunderten von Aufklebern an Laternenpfählen im Handelshafen, wo sie allerdings fast niemand sieht und ansonsten wohl kaum jemand versteht.

Die Bürgerinitiative »Rettet das Gaslicht« kämpft dafür, das Gaslicht zu retten. Dafür gibt's manchmal in der Feudenheimer Dämmerung eine organisierte Gaslichtbestaunung.

Wenn man bei der MVV einen Presseausweis mit aufgedrucktem Namen und Postadresse vergisst, bekommt man ihn postalisch nach sieben Wochen zugeschickt. Sieben …

Der Badheizkörper »Mannheim 2« kostet 14,99 Euro und bringt immerhin 1034 Watt auf die Piste.

Das erfolgreichste Buch einer Mannheimerin im 21. Jahrhundert war »Darm mit Charme« von Giulia Enders, das sich 1,7 Millionen Mal verkaufte. Dass sie ihre Doktorarbeit über ein fieses Wundbakterium namens Acinetobacter baumannii schrieb, nimmt der Autor des vorliegenden Buches keineswegs persönlich.

Das Buch »111 Orte in Mannheim, die man gesehen haben muss« ist zweimal erschienen, die erste Ausgabe von Nina Pfister, einer Nationaltheater-Inspizientin, die zweite Ausgabe von Cornelia Lohs, einer richtigen Journalistin aus Eberbach. Die beiden Ausgaben haben verschiedenen Inhalt!

Eine Physiotherapiepraxis in der Waldhofstraße heißt Au & Metz. Nicht Metzel.

Tattersall bedeutet unter anderem Schachbrettmuster. Vielleicht sollte man ihn doch in die Quadrate verlegen.

Bereits 1986 fand in Mannheim ein Supercomputer-Seminar statt, die heutige International Supercomputing Conference (ISC).

Auf dem Colemangelände gibt es 160 gefährdete Spezies, baden-württembergische Spitze, zum Beispiel die Vogelart Steinschmätzer, die Gefleckte Keulenschrecke und den Frühlings-Spörgel.

Die Übernachtung im Schlossbunker kostete nach dem Krieg 3,50 DM. In den 1980er-Jahren war der Bunker eine Disco.

In der Gartenstadt findet regelmäßig ein Energiefrühstück statt.

»europa_morgen_land« – fünf Schreibfehler dürften angemessen sein für ein Literaturfestival, bei dem Mannheim mit luD~vicks;havn zusammenarbeitet.

Das Restaurant »Die Metzgerei« auf dem Lindenhof verleiht – gefüllte – Picknickkörbe, die man zum Beispiel ans Rheinufer mitnehmen kann. Auswahl: Kurpfälzer Picknick-Korb, »Dolce Vita«-Picknick-Korb, Französischer Korb für Verliebte, Wellness-Korb für Vegetarier.

Zum Hashtag #Mannheim listet Instagram 2,2 Millionen Beiträge. Die meistgesehenen sind sinnlos herumstehende Frauen.

Am Friedrichsplatz stehen zwei Löwenskulpturen. Der Löwe neben der Kunsthalle brüllt die Kunststraße an, der neben dem Wasserturm brüllt das Maritimhotel an.

Die Klapsmühl ist Mannheims ältestes Kabarett, im Sinne einer Irrenanstalt ist sie tatsächlich nur 500 Meter vom ZI entfernt. Verrückt!

Das Mannheimer Pfandhaus darf keine Filiale in Ludwigshafen aufmachen. Angekauft wird ab zwei Euro. In der Nähe haben sich drei private Pfandhäuser angesiedelt. Dort arbeiten zwei Schätzer, die einen Meisterbrief als Goldschmied innehaben.

Seit 1942 gibt es eine russisch-orthodoxe Kirche in Mannheim. Die erste wurde von Kriegsgefangenen gegründet und trägt den Namen von Alexander Newskij. Sie beherbergt eine der am stärksten wachsenden christlichen Gemeinden.

Das Lauterer Shirt mit Aufdruck »Waldhof verrecke« kostet 10 Euro.

Kirschgartshausen hat 306 Einwohner. Im Jahr 2013 wurden zwei Personen auf einem Gehöft erschossen, und damit ist KiGaHa statistisch mit Abstand der gefährlichste Stadtteil Mannheims!

Sieben neuere Mannheimer Kirchen aus den 1960er-Jahren wurden von Heinz Heß erbaut. Dann leitete er die – Luft holen! – Mannheimer Außenstelle des Erzbischöflichen Bauamts Heidelberg des Erzbistums Freiburg. Sein Vorgänger Hans Rolli war unter anderem Glockensachverständiger.

Alteichwald wird ausschließlich mit Strom beheizt.

Die zentralste Mannheimer Windkraftfirma sitzt in P6, 26 – bislang plant sie angeblich keine Windräder auf dem Bürodach.

Amphitrite, die mythologische Dame auf der Wasserturmspitze, wurde von Poseidon hofiert, hatte jedoch kein Interesse an ihm und verkroch sich bei Atlas. Der schlaue Poseidon aber schickte ihr einen Delphin, der sie zu ihm trug. Den Rest kennt man: Knutschen, heiraten, bessere Steuerklasse.

M-A-N-N-H-E-I-M besteht aus drei Vokalen und fünf Konsonanten. Das sind 37,5 Prozent Vokale, mehr als in Hamburg, Köln, Berlin und München!

Seit über 100 Jahren gibt es in Mannheim einen Modellflug-Verein. Nach dem Krieg wurde die »Mimose« gegründet, die »Mannheimer Interessengemeinschaft für Modellbau und internationalen Segelflug«.

Es dauert 15 Minuten, um legal als Fußgänger um den Alten Meßplatz zu gehen.

Die Mannheimer Vertriebszentrale von Amazon schickt stündlich 100 Transporter auf die Straße. Sie enthalten jeweils 150 bis 200 Pakete und einen schlecht bezahlten Fahrer.

Im Mannheimer Institut für Islamische Studien fand 2018 erstmals eine Konferenz zu dem Thema »Religion & Finanzen« statt. Die Gegenveranstaltung »Horoskope & Aktien« steht noch in den Sternen.

1788 erschien in Mannheim das Sensationsbuch »Beschreibung einer verbesserten Luftpumpe nebst einer Nachricht von verschiedenen mit selbiger gemachten Versuchen«.

Ein Warmup-Trikot der Adler kostet 80 Euro.

Die handlichen Notfallnummern in der Musikschule lauten 06 21 / 2 93 93 09 und 06 21 / 2 93 71 12 und 06 21 / 2 93 25 04. Sowas weiß man einfach!

Auf der Konferenz sozialistischer Frauen in Mannheim forderte Clara Zetkin die Einführung des Frauenwahlrechts.

Der Bund hat Mannheim 20 Millionen Euro für ein Medienzentrum zum Technoseum geschenkt.

Anja Beck-Harth, die erste Preisträgerin des Joy-Fleming-Preises, kann überzeugend Joy Flemings »Neckarbrückenblues« singen. Übrigens: Den Friedensnobelpreis sollte künftig auch nur derjenige bekommen, der mit Dynamit umgehen kann.

Mannheim24 ließ Studenten abstimmen, wo sie am liebsten wohnen, und immerhin 380 Leser nahmen teil! Und die Trophäe kriegt – täterätääa – der Lindenhof. Warum bloß? Und Schlusslicht ist mit 0,0 Prozent die Höchstätt. Nochmal: Warum bloß?

Das Unternehmen Vögele zog 2010 von Neckarau nicht deswegen nach Rheingönheim, weil es dort schöner ist.

Die Trikotsponsoren des SV Waldhof waren: Sunmaker, Allianz, Eichbaum, Trigema, Söhne Mannheims, Gräfs Pflaume, Pitralon, Topware, MEG, Patrick, Schrader Containerdienst, Mita, Tipwin, MVV, Falke, Pirelli, Mannheimer Runde, Duscholux, Odenwald Quelle, Parkplan, Century Ortopedics und weiß Gott wer noch.

Die Wohlfahrtsorganisation Mannheimer Runde – Bülent, Andy Brehme, Kerner etc. – sammelt alljährlich eine halbe Million Euro für die Armen. Und sie besteht offenbar nicht nur aus Mannheimern.

Das Buch über die Mannheimer Umgangssprache von 1975 kostet als E-Book 109 Euro.

Eine Facebook-Gruppe, deren Zweck das Verschenken ist, heißt »Fa umme in Gaddestadt/Waldhof«.

Der zweitgrößte Karnevalsverein Grokageli, die »Große Karnevals-Gesellschaft Lindenhof«, stellte 1957 die erste Mannheimer Stadtprinzessin. Sie hieß nicht Geli.

Was wurde eigentlich aus der Hamburg-Mannheimer? Nach dem Sex-Skandal 2010 schloss die Ergo Versicherungsgruppe ihre Tochter HMI und eröffnete ein Nachfolgeunternehmen, die Ergo Pro. Neuer Name, neues Glück.

Die höchste Mannheimer Sanddüne liegt im Dossenwald: 13 Meter!

OB Valentin Möhl, nach dem die Möhlstraße benannt ist, war von Beruf Weinwirt.

Der Mannheimer NABU empfiehlt beim Imkerbesuch: »Geschlossene Kleidung sinnvoll.«

Ein sechsstündiger Stehempfang im Gartensaal des Schlosses kostet 700 Euro. Heizen 100 Euro extra. Trinkes kann man selber mitbringen.

Seit 2017 sind Mannheimer Taxen weiß, schwarz, silber und ohrenschmalz. Letztere, die klassische Taxifarbe, gilt im Second-Hand-Zustand als unverkäuflich.

Die Käfertaler Tierarztpraxis Schindler weist vorsorglich darauf hin: »Alle bei uns eingeschläferten Tiere, die nicht zu Hause beerdigt werden, werden bei unserem Kooperationspartner ›Im Rosengarten‹ eingeäschert.«

Mannheim-Touristen können eine 90-minütige Spezialführung mit Fontanella persönlich buchen.

Die Fäkalgruben Mannheims wurden vor zweihundert Jahren von Seckenheimer Bauern geleert, daher der Spitzname »Puhlzappe«.

Im Jahr 2000 publizierte die Gleichstellungsbeauftragte Zahra Deilami »Meine okzidentalische Schwester mag kein Sauerkraut«. Sacken lassen. Cleverer war ihr anderes Werk im selben Jahr: »Verwaltung als interkultureller Begegnungsort« – nun hat sie dort einen Job.

»Woschdebrood« hat nicht das Geringste mit »Broodwoschd« zu tun.

2001 schloss das Medienhaus Prinz in der Breiten Straße, nach langem Leerstand eröffnete eine Decathlon-Filiale, die nach nur zwei Jahren dichtmachte. All dies meldete das Rhein-Neckar-Fernsehen, das händeringend ums Überleben kämpft.

Die Mannheimer Kanuvereine veranstalten jährlich im Stollenwörthweiher das Event »Kanu im Quadrat«. Dabei ist der Stolle von oben eindeutig rechteckig.

Im Jahre 2019 kam das LKA erstmals auf die Idee zu trainieren, was man bei Biowaffenterror tun könnte. Praktisch, dass da Franklin noch recht leer stand.

Der Mannheimer Wappenlöwe hat einen doppelten Schwanz. Übrigens: Die Wolfsangel im Wappen tragen auch viele Gemeinden in Niedersachsen.

Das Gitarrenhaus Musicant existiert bereits seit 1978, ist somit ältestes Haus am Platze.

Bei IKEA kostet das schwarz-weiße Tablett mit der Mannheim-Silhouette 5,99 Euro und wurde bislang 0 Mal bewertet.

Der älteste Holz- und Blechblashandel ist Musik Blatz in S2.

Das Standardwerk »Lexikon der Heraldik« ist 1984 in Mannheim erschienen.

Das Technofestival Time Warp zieht in Mannheim deutlich mehr Besucher an als die Events in New York, Utrecht und Buenos Aires: 20 000.

Die Avantgardeband Chor der Gefangenen imitierte damals in Mannheim die Sounds von Bauhaus und Einstürzenden Neubauten.

Palmin hieß ursprünglich »Mannheimer Cocosbutter«. Das Produktlogo besteht aus einer Wolfsangel, ebenso wie sie im Mannheimer Wappen vorkommt.

Zur Veranstaltung »Mobil auf Spinelli« lud die Stadt mit dem Hinweis: »Aufgrund mangelnder Parkplätze empfehlen wir die Anreise per Fahrrad oder ÖPNV.«

»Der dramatische Club Mannheim-Waldhof« spielte keineswegs mittelprächtig Fußball, sondern war die vormalige Bezeichnung der Freilichtbühne von 1913 bis 1957.

Der deutsch-amerikanische Arbeitskreis DAFAK existiert weiter! Immerhin sind noch über 100 Frauen aktiv.

Die Businessanbahnungs-Bar »Speicher 7« ist nach der Hausnummer benannt, die Speicher 1 bis 6 gibt es nicht.

Jeder Klassenraum im Ursulinengymnasium hat eine Luftgüteampel.

Der Käfertaler Friedhof ist der älteste noch benutzte: seit 1832.

Kleinanzeige in »Lindenhof aktuell«: »Wer circa 10 Finger hat, Gitarre/Ukulele lernen oder sein Spiel verbessern möchte, wählt Telefon ...«

Immer noch geben die Städte Mannheim und Ludwigshafen ein gemeinsames Telefonbuch heraus. Warum? Einfach, weil sie es können.

In der Augustaanlage 10 findet sich die Kanzlei des Scheidungsanwalts Opfermann.

50 Jahre nach Woodstock fand für alle Freunde von Schamanismus und Biohacking auf der Friesenheimer Insel das »1. Psychedelic Salontreffen Mannheim« statt.

Das Restaurant Skyline im Fernmeldeturm hat Drehzeiten: Montag bis Samstag 12–14 Uhr, 15–17 Uhr und 18–22 Uhr, Sonn- und Feiertage: 12–21 Uhr. Danach ist Drehpause.

Der Bahnhofsvorläufer lag etwa am heutigen Tattersall auf einer Gemarkung namens »Hasenhütte«.

Jeden Tag steigen am Bahnhof 52 000 Menschen zum Nahverkehr um.

Wer unberechtigt in die Mannheimer Umweltzone einfährt, zahlt ein Bußgeld von 80 Euro.

Die maximale Zuladung eines VRN-Nextbikes beträgt 100 Kilo, aber davon höchstens 15 Kilo im Korb. Der Adler-Verteidiger Denis Reul zum Beispiel müsste seinen 110-Kilogramm-Körper gleichmäßig auf zwei Mieträder verteilen.

Die Neckarauer Feuerwehr hat pro Jahr gut hundert Einsätze. Darunter aber auch »Wachbesetzung« oder »Baum droht auf Pferdestall zu fallen«.

Der mit etwa 2,5 Kilometer längste Mannheimer Altrheinarm liegt in Ballauf-Wilhelmswörth. Wo??? Westlich des Scharhofs.

Kein einziges Reimlexikon findet einen Reim auf »Monnem«. Un »Vennem« gilded näd!

Die »Rosengarten Mannheim«® ist eine Bodendeckerrose mit rosa-apricotfarbenen Blüten. Ein Stück kostet 12 Euro.

Als achtjähriger Bub lernte Lothar Matthäus Dario Fontanella kennen. Aber nicht nur er, sondern alle damaligen Juniorenfußballspieler weinten, denn sie erwarteten echte Spaghetti mit Tomatensoße.

Auf dem Meeräckerplatz steht vor dem Richard-Böttger-Heim die größte Bank Mannheims. Sie misst 30 Meter und bietet vielen Senioren Sitzplatz.

Eine erstaunlich günstige Reise kann man vom Busbahnhof aus machen, für nur 75 Euro geht es ins 1335 Kilometer entfernte Kaliningrad. Und dabei fährt der Bus ohne Halt durch Polen.

Das verbreitete Autokennzeichen weist nicht auf BWL-Studenten hin, sondern die baden-württembergische Landespolizei. Ob die ökonomisch denkt, weiß man nicht.

Als Zewa in den 1990er-Jahren Osteuropa eroberte, reklamierten die Kunden, dass Wisch&Weg zu groß war für die Klorollenhalterung.

Wofür überqueren Mannheimer eigentlich die Rheinbrücke? Zum Wiederaufbau Berlins musste ab 1948 auf jeden Brief zusätzlich eine 2-Pfennig-Marke geklebt werden, das berühmte »Notopfer Berlin«. Nur umgingen etliche Mannheimer Geschäftsleute dies, indem sie – siehe oben – die Rheinbrücke überquerten und ihre Post in Ludwigshafen verschickten.

Im Jahr 1967 trennten sich Taxiseparatisten von der 444044 und gründeten die 21818. Gut 50 Jahre später vereinigten sich die beiden Verbände wieder.

1951 wurden in der Kunsthalle zum ersten Mal »Plakate der Wirtschaft« ausgestellt, und man sprach endlich offen aus, dass nicht mehr Adlige, sondern Firmen die Kunstmäzene und -käufer waren.

An der Mannheimer International Metropolitan School sind Schuluniformen Pflicht.

Der Bahnhof Neu-Edingen/Mannheim-Friedrichsfeld trägt einen irreführenden Namen, denn nur das Bahnhofsgebäude liegt in Edingen – daher der offizielle Beiname Trennungsbahnhof. Er wurde eröffnet schon zwölf Jahre, nachdem überhaupt die erste deutsche Eisenbahn gefahren war.

Die 1. Uniliga-E-Sport-Konferenz aller Zeiten fand in Mannheim statt!

Klimaschützer rechnen Mannheimern ihren Verbrauch vor: 32 000 Einwegbecher, 21 000 Plastiktüten und 148 000 m^2 Alu-/Plastikfolie. Wenn sich wenigstens zehn Leute einen Einwegbecher teilen würden, so mit Trinkhalm …

Der gebürtige Mannheimer Lorenz Brentano wurde zum Oberbürgermeister gewählt, die böse badische Regierung erkannte ihn aber nicht an. Außerdem war er einer der 1848er-Revolutionäre, Kongressabgeordneter in Washington und später US-Konsul in Dresden. Seltsame Karriere.

Die Website Ladies.de wirbt für sieben Transen in Mannheim.

Der Quadratmeter Mannheimer Eigentumswohnungen kostet im Schnitt 2870 Euro. Und 2870 Einwohner hat Neckarau pro Quadratkilometer. Genau 2870 Mitglieder hat die TSG Seckenheim. Zufall?

Tips für Sparcamper: Am Strandbad kostet die Parzelle für Dauercamper nur 125 Euro – von November bis März.

Der Mannheimer Hafen hat mit über 8 Quadratkilometern etwa die Fläche der Gartenstadt. Nur nasser.

Auf dem Weihnachtsmarkt erhältlich: Hundekekse aus Roggen- und Dinkelmehl, auch als Schneemann, Nikolauskopf, Sternschnuppe oder in Brezelform.

Geheim: Die Freifläche zwischen Rheinvorlandstraße 7 und Rheinkaistraße 1 wird vom Hafenamt Goliathplatz genannt. Ein Straßenschild gibt es nicht.

Die Mannheimer Firma Olam Cocoa mahlt Kakaobohnen, unter anderem für einen Hersteller quadratischer Schokolade.

Mannheim ist die einzige deutsche Stadt, die die Erklärung des Forums für Nachhaltige Entwicklung der UNO unterzeichnet hat.

Falls Ihre Jacht mal repariert werden muss und weniger als 27 Tonnen wiegt, schippern Sie zum Xylon-Werk am Friesenheimer Altrhein.

Länger als eine halbe Stunde in einer städtischen Badewanne zu baden, ist untersagt.

Familien mit zehn Kindern, die an Weihnachten ein Hotel suchen, haben wenig Auswahl. Das Hotel Memo in der Neckarstadt bietet ein Apartment für 340 Euro an.

Immer am ersten Oktobersonntag endet in Mannheim die Brunnensaison.

Als Carl Herwegen den Mannemer Dreck erfand, war er gerade mal 17 Jahre alt.

Steffi Grafs Sohn Jaden Gil Agassi ist ein Baseball-Talent.

Südkabel produziert unter anderem Höchstspannungskabel, die im Spitzenfall 500 000 Volt aushalten. Zum Vergleich: Gilbert Bécaud hatte nur 100 000 Volt.

Die größte japanische Bäckerei in Mannheim sitzt in der Käfertaler Straße 35. Shohei Yagi ist aber auch die einzige.

Seit 2018 wird Mannheim kameraüberwacht, das Ganze unter dem Namen „Mannheimer Weg 2.0".

Nach Karlsruhe und Düsseldorf gibt es in Mannheim das drittschnellste Internet Deutschlands.

Der erste vollelektrische Flixbus verkehrt zwischen Frankfurt und Mannheim.

Der Military Haircut in einer Mannheimer US-Armee kostete zuletzt 7,50 Dollar.

An einem Valentinstag gewährte Burger King im Hauptbahnhof jenen Kunden besonders hohe Rabatte, deren Puls beim Ansehen eines Grillfilms stark anstieg.

Ein Master in Wirtschaftspsychologie an der FOM kostet 10 000 Euro.

Der Familienclan Reimann wohnt an unbekanntem Ort bei Mannheim und ist unter anderem tätig in den Branchen Leder, Softdrinks, Sandwiches, Tierkliniken, Tee, Kaffee und Kosmetik. Der Ursprung einer der reichsten Familien Deutschlands liegt bei Benckiser. Laut »Chip« entfernen die Reimanns gerne mal Wikipedia-Einträge. Das Gesamtvermögen wird auf rund 30 Milliarden Euro geschätzt. Ein Vergleich? Der Jahreshaushalt der Stadt Mannheim beträgt ein Tausendstel davon.

44 Prozent der städtischen Beschäftigten wohnen nicht in Mannheim.

Jeder brave Mannheimer zahlt pro Jahr 40,15 Euro Vergnügungssteuer. Ob ihm das Vergnügen bereitet oder nicht.

Die 3 Top-TOP auf der Mannheimer Agenda 2030 heißen Armut, Hunger und Gesundheit.

1954 wurde in Mannheim das 1. Fraunhofer-Institut gegründet, das sich mit Mikroskopie, Kinematographie und Photographie befasste.

Die Frauengruppe der Naturfreunde Mannheim trifft sich in der Therese-Blase-Straße.

Der komplette Name von Drais lautete: Karl Friedrich Christian Ludwig Freiherr Drais von Sauerbronn. Tatsächlich steht immer noch ein Karl Drais im Mannheimer Telefonbuch – hinter dem Eintrag steckt jedoch der Allgemeine Deutsche Fahrrad-Club.

Eine der vier Lokalkammern des Deutschen Patentgerichts sitzt in Mannheim.

Von der Lupinenstraße aus befinden sich im Umkreis von einem Kilometer fünf Briefkästen. Für Liebesbriefe?

Die erste deutsche »The Walking Dead«-Convention fand in der Maimarkthalle statt.

Die neuesten Klimaflüchtlinge in Mannheim und Umgebung: Zebraspinnen und Gottesanbeterin. Sie sind für den Menschen harmlos.

Die Halle des Zirkus Paletti im Pfeifferswörth ist 666 Quadratmeter groß. Sie kann gemietet werden – nicht nur für Satanistentreffen.

Das alte Benz-Denkmal von 1933 ist eines der ersten Denkmäler für einen Ingenieur überhaupt.

Der älteste (Flitze-)Bogen der Welt stammt aus dem Paläolithikum und wurde auf der Vogelstang gefunden. Die Waffe besteht aus Kiefernholz, ist einen guten Meter lang und 17 600 Jahre alt. Damit konnte ein guter Schütze 80 Meter weit schießen, also von der Zwölf-Apostel-Kirche bis zum Geraer Ring.

Die Mannheimer Jesus Freaks kiffen für Gott donnerstags im Forum der Jugend und freitags im Old Vienna.

Die Website Mannheim.gov ist noch frei – P. Kurz, übernehmen Sie!

Das Free-Key-WLAN am Paradeplatz deckt etwa ein Viertel der City ab, also einen Viertel Quadratkilometer.

Ein halbes Prozent der Einwohner Wallstadts sind Hedonisten (Genusssüchtige). Was genau sie genießen, ist nicht bekannt.

Was Sie über Mannheimer Sachverständige noch nicht wussten: »Zur Erfüllung der Fortbildungsverpflichtung sollen die öffentlich bestellten und vereidigten Sachverständigen Fortbildungspunkte nachweisen, die sie durch die Teilnahme an Veranstaltungen zur Fort- und Weiterbildung erworben haben.« Amen.

Faunisten freut's: Das Maskottchen der Adler ist ein Adler, das Maskottchen der SAP-Arena ein Feldhamster – nicht direkt Freunde in der Natur. Nun wurden 40 Feldhamster ausgesetzt in der Hoffnung, dass sie sich mehren und lieben. Hoffentlich wissen die fiesen Fressviecher der Greifvogelwarte am Karlsstern, dass es nicht politisch korrekt ist, Hamster zu mampfen.

Neulich wurde der Flugplatz Mannheim in Flugplatz Mannheim City umbenannt. Offenbar hat ihn jemand unbemerkt näher Richtung Stadt geschoben.

Die Schauspielerin Nina Kunzendorf ist Grimme-Preisträgerin.

In der deutschen Kriminalstatistik rangiert Mannheim auf Platz 13. Pro 100 000 Einwohner werden gut 10 000 Straftaten begangen. Tatsächlich ist Freiburg krimineller!

Alter Walter: Ein halbes Prozent der städtischen Beschäftigten ist über 65.

Das geplante Stadtmagazin Tempo musste 1986 abrupt umbenannt werden. Die Namen Prima, Metro, Müller und Max wurden grundlos verworfen. Dennoch wurde der MEIER schon 26 Jahre später wieder eingestellt.

Ein Otterstädter Karnevalsverein heißt »De deppische in de Monnem«.

Die Friesenheimer Insel liegt keineswegs in Friesenheim, sondern in einer anderen Stadt, sogar in einem völlig anderen Bundesland.

Der Eintritt ins Capitol-Kino kostete während des Krieges zwei Briketts.

Die Karlsterner Hexenzunft ist alemannisch veranlagt und ruft »Alla hopp«, was weder muslimisch noch SAP-isch ist.

Schlemmermeyer und andere Läden in den Planken markierten 2015 mit roter Farbe Rechtecke auf dem Gehweg und schrieben an die Hauswand, dies sei eine »Fleischesserzone«, wo man aus Rücksicht auf Vegetarier seine Wurst u. a. verzehren könne.

Eine Wahrsagerin auf der Schönau hat Identitätsprobleme: Ihr Künstlername lautet Madame Carolina Esmeralda, ihre Mailadresse Annastacia174, ihr bürgerlicher Name wiederum Carola Held. Immerhin betreibt sie auch telefonische Wahrsagerei. Sie müssen sich weder nicht vorher anmelden noch Ihren Namen nennen.

Die Bezeichnung Rhein-Neckar-Delta ist unzutreffend, weil der Neckar sich nicht in mehrere Arme verzweigt, auch ist die geologische Formation von oben nicht dreieckig. Außer wenn man unbedingt will.

Das Mannheimer Archiv sitzt am Archivplatz.

In einem Parkhaustest des ADAC 2012 ging die rote Laterne an das Parkhaus in N6: zu dunkel, zu eng, zu pfeilerlastig.

2011 war Mannheim Partner der Perry Rhodan WeltCon!

Friedrichsfeld ist nicht zuletzt eine Gründung von aus Frankreich geflüchteten Protestanten. Der Handballnationalspieler Uwe Gensheimer spielte in seiner Jugend beim TV 1892 Friedrichsfeld. Und von 2016 bis 2019 spielte er für Paris Saint-Germain. Hö̈or Gensheimöör, déjà vu?

Google News findet zu Alteichwald drei Einträge! Zwei davon betreffen allerdings den Maibaum.

Die »Satans Freunde Kirche« (!) findet sich in der Rheingoldstraße.

Firmen zahlen für die Nutzung eines halben städtischen Schwimmbeckens pro halbe Stunde 62,50 Euro.

Gehen Mannheimer wirklich langsam, oder glaubt die Stadt, dass ihre Bürger langsam sind? Das Herschelbad schätzt den Fußweg zur Haltestelle Abendakademie auf 10 Minuten. Google Maps schafft's in 3.

Da gibt also eine Marketing-Communications-Managerin aus Brühl »Insider Tipps« für Mannheim: Die ersten drei Insider-Tipps sind Spaghetti-Eis, Chinesisches Teehaus und der Rhein. Jetzt hätten wir noch gerne die Outsider-Tipps.

Der Handball-Club Vogelstang verfügt über eine Alte-Damen-Mannschaft.

Nachwort

Haben Sie erfahren, wie viele Xaviers, Bülents und Joys in Mannheim leben? Sicherlich ist Ihnen schon bekannt, dass das Schniggeloch von den Schnaken kommt, der Schneckenhof jedoch von den BWL-Studentinnen. Was aber hat Radio Regenbogen mit Mannheim zu tun? Warum wird niemals bis zum Ende der Zeit der Joy-Fleming-Preis an aufregende innovative Musiker vergeben werden? Ist nun die Waldstraße mit 4,2 Kilometern die längste der Stadt oder die 4,2 Kilometer lange Rhenaniastraße? Ist Peter Kurz wirklich kleiner als Peter der Große, der mindestens 2,01 Meter maß?

Dürfte man Maulbeerinsel, Wörthel und die namenlose Insel im Bonadieshafen besiedeln? Stellen Sie einen Bauantrag, dann erfahren Sie es.

Mannheim gibt nicht alle Geheimnisse jedem Dahergelaufenen preis, Mannheim will erobert werden. Eine derbe Dame, aber eben auch eine Dame.

Der Verlag war so freundlich, hinten eine leere Seite einzufügen, um nützes Wissen hineinzuschreiben. Wenn die Seite voll ist, sollten Sie das Buch auf jeden Fall noch einmal kaufen. Bislang hat es kein Zweitkäufer bereut!

Nun wünsche ich Ihnen noch ein schönes Restleben und empfehle als Nachfolgelektüre:

- Der Große Brockhaus Band 17 Kr-Kyp
- »Die besten zehn Sekunden meines Lebens« von Roger Schmelzer
- »Objekte im Rückspiegel« von Matthias Penzel

ENDE

Nützes Wissen

Sollte dieses Werk Links auf Webseiten Dritter enthalten, so machen wir uns die Inhalte nicht zu eigen und übernehmen für die Inhalte keine Haftung.

In diesem Buch wird aus Gründen der besseren Lesbarkeit das generische Maskulinum verwendet. Weibliche und anderweitige Geschlechteridentitäten werden dabei ausdrücklich mitgemeint, soweit es für die Aussage erforderlich ist.

1. Auflage 2020

Umschlaggestaltung: Björn Locke, Nürtingen, unter Verwendung einer Fotografie von Oberlausitzerin64
Bildnachweis: Alle Bilder stammen vom Autor.
Satz und Layout: Björn Locke, Nürtingen.
Lektorat: Michael Kohler, Karlsruhe.
Druck: Florjančič tisk d.o.o, Slovenia.

ISBN 978-3-8425-2252-7